퓨처 처치

퓨처 처치

지은이 | 명성훈
초판 발행 | 2025. 6. 25
등록번호 | 제1988-000080호
등록된 곳 | 서울특별시 용산구 서빙고로65길 38
발행처 | 사단법인 두란노서원
영업부 | 2078-3333   FAX | 080-749-3705
출판부 | 2078-3331

책 값은 뒤표지에 있습니다.
ISBN 978-89-531-5129-1 03230

독자의 의견을 기다립니다.
tpress@duranno.com   http://www.duranno.com

ⓒ 이 출판물은 저작권법에 의해 보호를 받는 저작물이므로
무단 전재와 무단 복제, 무단 사용을 할 수 없습니다.

두란노서원은 바울 사도가 3차 전도여행 때 에베소에서 성령 받은 제자들을 따로 세워 하나님의 말씀으로 양육하던 장소입니다. 사도행전 19장 8-20절의 정신에 따라 첫째 목회자를 돕는 사역과 평신도를 훈련시키는 사역, 둘째 세계선교(TIM)와 문서선교(단행본·잡지) 사역, 셋째 예수문화 및 경배와 찬양 사역, 그리고 가정·상담 사역 등을 감당하고 있습니다. 1980년 12월 22일에 창립된 두란노서원은 주님 오실 때까지 이 사역들을 계속할 것입니다.

꿈꾸는 미래가 현재를 결정한다
명성훈

퓨처
처치

FUTURE
CHURCH

두란노

추천의 글

　저자는 조용기 목사의 제자로서 여의도순복음교회 부목사로 사역했고, 교회성장연구소를 설립하여 다수의 저서를 출간하고 수많은 목회자를 훈련시켰습니다. 그러던 중 성경적인 교회를 세우고자 과거의 목회관과 철학을 과감히 버리고 가정교회라는 새로운 길을 걸었습니다. 이 책에서 저자는 자신의 과거 목회에 대한 솔직한 성찰과 더불어, 앞으로 세워져야 할 교회의 비전을 제시하고 있습니다.
　교회는 그리스도의 몸이고 살아 있는 유기체이기에, 성경적으로 건강한 교회는 성장하는 것이 당연합니다. 하지만 성장이 저절로 이루어지는 것은 아닙니다. 건강한 성장을 위해서는 구체적인 방법론 또한 필수적입니다. 저자는 이 책에서 교회의 본질을 깊이 있게 탐구하고, 그 본질을 회복한 교회를 어떻게 효과적으로 성장시킬 수 있을지에 대한 실제적인 방안들을 제시합니다. 교회의 본질을 고민하는 목회자, 어떻게 하면 영혼을 구원하여 교회를 건강하게 성장시킬 수 있을지 고심하는 목회자들에게 귀한 지침이 될 것입니다.

● **최영기** 휴스턴서울교회 은퇴목사

《퓨처 처치》는 오랜 목회 여정 가운데 얻은 깊은 통찰을 담은 책입니다. 단순히 교회의 외형적 성장 방법이나 전략을 제시하는 책이 아닙니다. 하나님이 원하시는 교회의 본질로 돌아가자는 진심 어린 제안이자 목회적 고백입니다. 사랑하는 동역자인 저자는 여의도순복음교회 부목사, 교회성장연구소 소장, 한세대학교 교수 등 다양한 사역 경험을 바탕으로 성시교회를 개척하여 20년이 넘는 세월 동안 목회 현장을 지켜 왔습니다. 이 책에는 하나님이 기뻐하시는 교회가 무엇인지 고민하며 수많은 시행착오와 좌절 속에서도 본질을 놓치지 않으려고 한 목회자의 치열한 여정이 고스란히 담겨 있습니다. 특별히 벤자민 하디의《퓨처 셀프》에서 얻은 통찰을 목회 현장에 적용하며 목회자 자신이 먼저 '미래의 사역자'로 변화되어야 비로소 교회의 모습도 변할 수 있음을 강조합니다.

'퓨처 처치'라는 개념은 단지 미래의 교회를 향한 비전이 아니라 오늘 우리가 섬기고 있는 교회를 어떻게 성경적인 방향으로 세워갈 수 있을지에 대한 구체적이고 실행 가능한 목회 모델입니다. 이런 의미에서 이 책은 교회를 개척하려는 이들에게는 명확한 청사진이 되어 주고, 정체된 시간 속에 있는 목회자들에게는 새로운 용기와 깊은 위로 그리고 도전을 줄 것입니다. 이 귀한 책을 통해 각자의 자리에서 다시 한번 신약교회의 본질을 깊이 묵상하며, 하나님이 내게 맡기신 교회를 어떻게 세워 가야 할지 또 무엇을 회복해야 할지를 고민하는 소중한 시간이 되기를 바랍니다. 교회가 본질로 돌아갈 때 그 자리에서 하나님이 새롭게 하시는 부흥의 은혜를 경험하게 될 것입니다.

● **이영훈** 여의도순복음교회 담임목사

과거나 현재가 미래를 결정하는 것이 아니라, 미래가 현재를 결정한다는 말이 인상적입니다. 생각해 보니 제가 꿈꾸었던 미래가 오늘의 나를 만들었습니다. 그러면 우리가 꿈꿀 미래는 무엇인가가 중요합니다. 명성훈 목사님은 그 해답을 신약성서 초대교회에서 찾습니다. 한국 교회가 성장을 위한 가도를 달리고 있었을 때, 저자는 교회성장연구소를 이끌며 그 길을 지도했습니다. 그러나 적지 않은 실험과 자성의 길을 걸으며 그는 퓨처 처치의 비전을 붙들고 나누게 되었습니다. 이 책으로 건강한 퓨처 처치들이 탄생하기를 응원합니다.

● **이동원** 지구촌교회 원로목사, 지구촌 목회리더십센터 섬김이

    목회자의 길을 걷고 있는 사람들, 개척교회를 꿈꾸고 있는 사람들, 건강한 교회를 세워 보고 싶은 사람들, 성경적인 건강한 목회를 하고 싶은 사람들, 선교사의 부름을 받은 사람들의 필독서로 이 책을 추천합니다. 세계 최대 교회에서 교회 성장 부흥 시대를 직접 경험한 저자는 교회 개척을 통해 한 영혼 구원의 처절함 또한 경험했습니다. 설상가상 코로나 팬데믹으로 급격히 무너져 가는 교회를 지켜보며 목회 현장에서 새롭게 얻은 깨달음을 이 책에 담았습니다.

    이 책은 우리 모두의 한계성을 뛰어넘는 목회 현장 지침서가 될 것입니다. 건강한 그리스도의 몸인 교회, 이웃과 세상에 빛과 소금처럼 희망과 용기를 주는 교회, 살맛나는 공동체를 지금도 얼마든지 세워갈 수 있음을 보여 주는 길잡이가 될 것입니다.

● **김인중** 안산동산교회 원로목사

목회하면서 예배당을 건축해 본 적이 있습니다. 가능한 한 화려하지 않게 건축하려고 많이 노력했습니다. 그러나 돈을 아끼지 않으려고 생각한 부분이 있었는데 그것은 설계였습니다. 목회도 마찬가지라 생각합니다. 바른 목회를 위해서도 꼭 필요한 것은 좋은 설계도를 갖는 것입니다. 그저 "꿩 잡는 게 매"라는 식으로 목회하면 교회는 교회다움을 잃어버리고 쇠퇴하고 말 것입니다.

늘 가까이 지내던 저자가 교회 목회를 일찍 내려놓더니 FCI(Future Church Institute)를 세우고 첫 작업으로《퓨처 처치》를 출판했습니다. 목회 설계 사무실을 세우고 좋은 목회 설계도를 제시한 것과 같습니다. 새 포도주는 새 부대에 담아야 합니다. 낡은 부대에 새 포도주를 담았다가는 발효하는 힘을 이기지 못하고 부대가 터져 버립니다. 새 부대를 준비하는 마음으로, 좋은 설계도를 욕심내는 마음으로 건강하고 바르게 목회하고 교회를 섬기고자 하는 모든 목회자와 교인들에게 이 책을 추천합니다.

● **김동호** 목사, 에스겔선교회 대표

현대 교회의 위기는 교회론과 목회철학의 위기입니다. 목회자들이 목회 현장에서 부딪히는 가장 절실한 문제는 성경 지식과 교리적 지식의 부족함이 아니라 교회가 처한 시대적 상황 속에서 어떤 교회론과 목회철학으로 목회해 나가느냐의 문제입니다. 저자는 오랫동안 이 문제를 가지고 씨름해 온 목회자로서 해답을 줄 수 있는 지혜를 갖추었습니다. 이론으로 무장했을 뿐만 아니라 목회 현장에서 오랜 기간 체득한 탁월함이 있습니다. 이 책은 이러한 목회적 지혜의 산실입니다. 한국 교회가 이 귀한 책을 통해서 다시 살아나는 경험을 하게 될 줄 믿습니다.

● **이재훈** 온누리교회 위임목사

코로나 팬데믹을 겪으며 교회 양극화가 심해지면서 특히 소형 교회가 많이 어려운 환경에 있다는 것을 데이터를 통해 보고 있습니다. 이런 와중에 저자의 이 책은 소형 교회뿐 아니라 코로나 이후 성장하고자 애쓰는 수많은 목회자에게 좋은 길잡이가 될 것입니다. 현재가 미래를 결정하는 것이 아니고, 미래가 현재를 결정한다는 역발상이 이 책 전체 흐름을 지배하고 있는데, 목회자가 미래에 구체적으로 어떤 교회를 꿈꾸는가에 따라 현재의 교회가 바뀔 수 있다는 데 초점을 맞추고 있습니다. 현재 한국 교회가 그 어느 때보다 쉽지 않은 상황에 있습니다. 한국 교회 목회자들이 분명한 목회 방향과 나아가 목회 전략을 세우는 데 이 책이 결정적 역할을 하기를 기대합니다.

● **지용근** 목회데이터연구소 대표

CONTENTS

추천의 글   5
프롤로그   14

PART 01
꿈이 현실이 되는 교회, 퓨처 처치

1 비전 | 원대하게 꿈꾸고 명확하게 이루라   25
2 목표 | 덜 중요한 목표들을 제거하라   36
3 믿음 | 이미 이루어졌음을 믿고 나아가라   43
4 기도 | 하나님께 기도하고 사람에게 요청하라   53
5 조직 | 자동화하고 조직화하라   62
6 계획 | 일정을 관리하라   70
7 실행 | 목표를 완수하고 다음 꿈을 꾸라   79

PART 02
퓨처 처치의 원형, 신약교회 이해하기

1 성경적 교회론과 목회철학이 있는 교회   94
2 영혼을 구원하고 제자를 세우는 교회   100
3 진정한 가족 공동체가 되는 교회   109
4 평신도가 사역자가 되는 교회   116
5 목사와 성도가 함께 행복한 교회   123
6 하드웨어와 소프트웨어가 확실한 교회   128
7 확산과 전수가 잘되는 교회   135

PART 03
퓨처 처치로 개척하라

1 교회 개척의 확실한 이유가 있는가 — 151
2 개척자의 자화상을 확립하라 — 158
3 교회의 비전을 분명히 하라 — 165
4 성경적 전략을 연구하라 — 171
5 교회 개척팀을 확보하라 — 178
6 실제적 개척 준비에 돌입하라 — 186
7 성경적으로 시작하고 그 이후를 설계하라 — 195

PART 04
성장의 정체를 뛰어넘는 7가지 전략

1 성장형 마인드셋을 가지라 — 210
2 돌파 목표를 설정하고 실행하라 — 219
3 퓨처 처치를 날마다 생각하라 — 226
4 전도와 설교에 목숨을 걸라 — 235
5 소그룹 리더와 봉사자를 세우라 — 244
6 성령의 역사를 함께 구하라 — 254
7 독서와 기도로 최고의 변화를 지속하라 — 262

에필로그 — 270

프롤로그

왜 '퓨처 처치'인가?

퓨처 처치(Future Church)란 내가 개척하고 목회하는 미래 교회의 모습이다. 현재가 어떻든 간에 그것과 상관없이, 내가 정말 원하는 교회, 주님이 꿈꾸신 교회의 그림이다. 다시 말해, 개척자나 목회자, 평신도 사역자가 마음속에 꿈꾸는 바로 그 교회다. 그 교회의 모습은 막연하지 않고 매우 구체적이고 명확하다. 스티븐 코비(Stephen Covey)가 "정신적인 창조가 있어야 물질적인 창조가 있다"고 한 것처럼, 내가 바라는 교회가 물리적으로 나타나기 전에 먼저 머릿속에서 구체적으로 창조되어야 한다.

내가 '퓨처 처치'라는 단어를 이 책의 제목으로 삼은 계기가 있다. 2024년 11월, 우연히 《퓨처 셀프》라는 책을 알게 됐다. 어느 직장인이 이 책을 50번 읽고 인생이 달라졌다고 하기에 호기심에 책을 구입해 단숨에 읽었다. 다 아는 이야기이면서도 도전이 되었다. 가장 큰 도전은 "과거가 현재를 결정하는 것이 아니고 현재가 과거를 결정한다. 현재가 미래를 결정하는 것이 아니라 미래가 현재를 결정한다"는 문장이었다. 또한 "무엇을 얻거나 행하기 전에 먼저 존재 자체가 되어야 한다"(Being-

Doing – Having)는 저자의 주장이 인상적이었다. 보통 우리는 현재가 미래를 결정한다고 생각한다. 또 지금 내가 무엇을 가지고 있어야 행할 수 있고, 행해야 무엇인가가 될 수 있다고 생각한다. 그런데 저자의 주장은 정반대의 논리다.

나는 이 책에 매료되어 열 번 이상 읽었다. 영어 원서로도 세 번 이상 읽었다. 원서와 번역서를 한 문장씩 해석해 가면서 녹음도 했다. 내가 운동을 하거나 이동 중일 때 녹음해 둔 것을 들으며 의식화하기 위함이었다. 그리고 이 책의 내용을 기반으로 '퓨쳐 처치'를 생각했고, 이 땅의 수많은 목회자들과 사역자들에게 '성경적인 신약교회'를 퓨쳐 셀프(future self)로 꿈꾸게 하고 싶었다. 하나님을 모르는 세상 사람들도 꿈을 꾸고, 그 꿈을 이루기 위해 치열하게 살며, 실제로 상상을 초월하는 성취를 이룬다. 하물며 하나님의 자녀요 종이라는 우리가 낙심하고 무기력하게 살아야 하나 하는 자괴감이 새로운 희망으로 변하여 마음이 뜨거워진 것이다.

하나님을 믿지 않고 의지하지 않는 사람이라도 이미 태생적으로 하나님이 주신 재능과 가능성을 개발하여 자신의 삶을 놀랍게 발전시킨다. 그것이 인간의 본성이요 특성이다. 그렇다면, 하나님을 아버지로 모시는 우리야말로 더욱더 '위대한 꿈을 꾸는 자'(Great Dreamer)가 되어야 하지 않을까? 특히 교회를 개척하고 목회하는 목회자나 평신도 사역자들이, 다른 것도 아닌 하나님의 교회를 건강하게 성장, 부흥시키는 일은 하나님도 원하시고 우리도 원하는 것이 아닌가!

  나는 1965년 서대문에 있는 여의도순복음교회(당시 순복음중앙교회)에 처음 출석했다. 그 이후 2005년 성시교회를 개척할 때까지 만 40년간 그 교회에서 자라고 사역했다. 1978년 말부터 교회 사역을 시작했고, 1983년에 기독교대한하나님의성회에서 목사 안수를 받았다. 1984년부터 미국 풀러신학교에 유학하여 1990년 선교학에서 교회성장학과 리더십 전공으로 박사학위(Ph.D.)를 받았다. 귀국해서 여의도순복음교회에서 부목사, 한세대학교에서 교수를 역임하면서 1993년에 국민일보 부설 교회성장연구소 소장으로 사역했다. 수많은 교회를 넘나들면서 각종 교회 성장 세미나와 컨설팅을 주도했고, 책도 여러 권 집필했다.

  학위를 이수하고 책도 쓰고 이론적으로 교회 성장을 공부하고 가르쳤지만, 세계 최대 교회의 부목사와 교수 생활만 했기에 교회 개척을 하고 싶었다. 그래야 진정한 교회 성장 전문가가 될 수 있을 것으로 생각했다. 그런 생각에 하나님은 2005년 성시교회를 개척하게 하셨고, 20년째 사역하면서 개척이 무엇인지, 목회가 어떤 것인지를 경험하게 되었다. 개척과 목회의 경험을 통해 목회자의 희로애락을 경험했으니 내 남은 생애는 한국 교회에 신약교회 운동을 전개하여 목회자들과 평신도 사역자들을 섬기기로 결단했다.

  목회자에게 가장 중요한 것은 어떤 목회 기술과 방법론보다 하나님이 그에게 주신 교회의 미래 모습을 가지는 것이라 믿는다. 나는 이 책에서 47년 목회 여정을 통해 내가 배운 것들, 그중에서도 정말 중요하기에 꼭 해야 할 것과 하지 말아야 할 것 등을 진심을 담아서 이야기하듯 전개했다. 독자 여러분이 내가 무수히 실패한 것을 피하도록, 정말 건강하고 성경적인 목회를 가장 효율적으로 할 수 있는 비결을 제시하려 했다.

《퓨처 처치》가 누군가에게 선한 도전과 깨달음을 주어 절망의 늪에서 자유함을 얻도록 도왔으면 한다. 단 한 사람이라도 그런 경험을 할 수 있다면, 그 사람이 예수님처럼 성령의 기쁨으로 목회하고, 지금과는 비교할 수 없는 퓨처 처치를 세우게 된다면 나는 행복하고 또 보람될 것이다. 그 한 사람이 바로 이 책을 읽는 당신이 되기를 간절히 기대한다.

2025년 6월　명성훈

PART 01
꿈이 현실이 되는 교회, 퓨처 처치

내가 말하는 '퓨처 처치'(Future Church, 미래교회)는 두 가지 의미다. 첫째, 개척자 혹은 목회자가 꿈꾸는 교회다. 앞으로 개척하거나 목회할 교회일 수도 있고, 내가 지금 목회하고 있는 교회의 미래 모습일 수도 있다. 둘째, 주님이 원하시는 성경적인 교회다. 한마디로 신약교회 혹은 초대교회다. 이 두 가지는 같으면서도 다르다. 하나님은 모든 교회가 주님이 꿈꾸신 신약교회가 되기를 원하신다. 그러므로 우리는 반드시 성경적인 교회를 세워야 한다.

그러나 하나님은 우리 각자를 사역자로 부르실 때 지역과 대상에 관계없이 똑같은 교회를 세우라고 하지 않으신다. 각 사역자의 부르심은 같으면서도 다양하다. 모든 족속으로 제자를 삼으라는 지상명령을 수행하는 점에서는 같지만, 그 사역자에게 주신 개별적인 은사와 사명은 같지 않다. 그래서 지구상에 있는 수백만 개의 교회는 각각 다르다. 목회자, 지역과 회중, 설립 목적, 목회 방식에 따라서 각양각색이다. 그것이 바로 하나님의 방식이기도 하다. 하나님은 목회자의 각자 다른 소원과 부르심을 통해 동일하신 하나님의 뜻을 이루신다. 그런 의미에서 '퓨처 처치'는 하나님의 보편적인 교회이면서 인간의 특수한 교회다. 미래 교회는 신약교회다. 가장 오래된(성경에 나오는 초대 교회) 새 교회(내가 목회하는 현실교회)다.

성경적인 신약교회에 대해서는 Part 2 '퓨처 처치의 원형, 신약교회 이해하기'에서 다루고자 한다. Part 1에서는 사역자가 세우고 목회하는 교회의 5년 후, 10년 후 미래 모습을 꿈꾸는 방식에 대해서 생각해 보기로 한다. 많은 사역자의 문제는 성경적인 교회의 본질을 제대로 알지 못한다는 것도 있지만, 그것보다는 자신이 개척할 교회, 혹은 현재 목회하고 있는 교회의 진정한 모습을 명확히 그리지 못하고 있다는 것이다. 무조건 부흥하는 교회, 자립을 넘어 큰 교회가 되는 것에만 관심을 가질 뿐, 그 교회의 구체적인 모습이 무엇인지는 희미하다. 앞으로 5년 후, 10년 후 퓨처 처치의 그림이 없든가, 있더라도 두루뭉술 막연할 뿐이다. 한마디로 교회에 대한 꿈과, 그 꿈을 이루는 목표와 계획이 치밀하지 못하다.

물론 교회를 시작할 때 나름대로 청사진과 표어는 있다. 나도 20년 전 성시교회를 개척할 때, "가정을 행복하게, 도시를 거룩하게"라는 표어를 가지고 시작했다. 그 표어 아래 몇 가지 그럴듯한 교회 목표를 세웠다. 이상적인 교회가 되고자 하는 가장 멋진 문장들이었다. 내가 개척한 교회가 가정과 도시를 거룩하게 하여 하나님의 나라가 되고자, 교회 이름도 요한계시록에 나와 있는 '거룩한 성'(Holy City)을 연상하여 '성시'(聖市)라고 명명했다. 그러나 그 교회 설립 목적에 걸맞은 치밀한 목표와 실행계획이 결여되어 있었다. 마치 집을 짓기 위한 멋진 청사진은 있지만 설계도가 없는 것과 같았다.

교회 주보에 거창하고 멋들어지게 인쇄는 했지만 그 목적과 표어를 정말 간절한 마음으로 읽은 적이 거의 없었다. 성도들도 마찬가지였다. 하나님의 은혜로 매주 여러 명이 등록하고, 개척한 지 몇 년 만에 출석 성도 천 명을 돌파하기도 했지만 그저 교회 성장이 신나고 더 큰 교회를 열망할 뿐이었다. 그래서 무리를 해서 백억 원이 넘는 성전을 구입하고 이전했다. 그로 인한 고난과 내적 어려움이 만만치 않았다. 설교만 잘하면 교회가 부흥할 줄 알았는데 사람들은 너무 많은 문제를 가지고 있었고, 많이 오는 만큼 또 많이 교회를 떠났다.

우여곡절 끝에 어느 책을 읽고 도전을 받아 전통적인 교회를 '가정교회'라는 이름의 신약교회로 급격하게 전환하였다. 많은 희생을 치른 끝에 '영혼을 구원하고 제자를 세우는 신약교회'의 자화상으로 탈바꿈하고 성도들의 진정한 변화를 보면서 위로를 얻었다. 그 과정을 통해 '좀 더 일찍 신약교회를 깨달았다면' '좀 더 내가 진정으로 원하는 교회를 마음에 품었더라면' 하는 후회와 반성을 하게 되었다. 그리고 정말 내가 원하는 것, 정말 하나님이 나에게 원하시는 것이 무엇인지 재발견하게 되었다. 그래서 교회를 더 좋은 후임자에게 넘기고, 나는 원래 하나님이 나에게 주신 은사와 사명으로 복귀하게 되었다.

이 책의 핵심은 결국 두 가지, 즉 신약교회와 현실교회를 퓨처 처치로 만드는 것이다. 개인에게 적용하면 퓨처 셀프(Future Self, 미래의 나)가 되듯이, 내가 섬기는 교회가 퓨처 처치가 되는 것이다. "지금 미래 교회가 돼라"(Be Your Future Church Now)는 것이 이 책의 진짜 제목이어야 할 것 같다. 미래 교회가 '지금 먼저 되어야' 그대로 행동할 수 있고, 그대로 행동해야 그 원하는 것이 나의 것이 될 수 있기 때문이다. 그러므로 내가 목회하는 교회가 어떤 교회가 되기를 원하는 것(wanting)을 넘어서 그 교회가 먼저 된 것을 알아야(knowing) 한다.

왜 퓨처 처치인가? 미래가 있어야 현재와 과거가 결정되기 때문이다. 현재가 미래를 결정하는 것이 아니라 미래가 현재를 결정한다.

이 세상 피조물 중에 미래를 예측하고 그 미래를 위해서 현재를 준비하며 꿈꾸는 존재는 인간뿐이다. 인간의 특성은 미래를 전망하고 예측하고 꿈꾼다는 것이다. 그 미래는 현재의 나에게 엄청난 영향을 미친다. 지금 지극히 작은 숫자로 개척을 시작했더라도 개척자에게 정말 확실한 퓨처 처치가 있다면 그 교회는 결코 무너지지 않는다. 반드시 성장하고 부흥하고 발전한다. 시작은 미약하더라도 나중은 창대해진다. 그것이 성경의 원리요 하나님의 뜻이다. 왜냐하면 미래를 꿈꾸게 하시는 분이 하나님이기 때문이다.

이제 우리의 퓨처 처치를 꿈꾸어 보자. 먼저 '퓨처 처치가 되는 7단계'를 살펴보자. 이것을 간단히 일곱 단어로 요약하면 (1) 비전 (2) 목표 (3) 믿음 (4) 기도 (5) 조직 (6) 계획 (7) 실행이다.

CHAPTER 01

비전 | 원대하게 꿈꾸고 명확하게 이루라

개인 성공이든 교회 성장이든 가장 중요한 것은 꿈꾸는 것, 비전을 품는 것이다. 단순히 '꿈을 가진 자'(to have)가 아니라 '꿈꾸는 자가 되는 것'(to be)이다. 요셉이 위대한 지도자가 되어 애굽과 이스라엘을 살린 것은 그가 '꿈꾸는 자'였기 때문이다. 그 꿈은 나만이 아니라 하나님도 원하시는 꿈이어야 한다. 먼저 주님이 꿈꾸고 소망하는 것이어야 한다.

나의 영적 스승이신 조용기 목사는 "꿈과 비전은 성령의 언어다"라고 말했다. 잠언에도 "묵시가 없으면 백성이 방자히 행하거니와"(29:18)라고 했다. 묵시란 곧 하나님의 계시, 비전을 뜻한다. 히브리서에는 "믿음은 바라는 것들의 실상이요 보이지 않는 것들의 증거"(11:1)라고 했다. 하나님은 인간에게 꿈을 주시고 그 꿈을 통해 창조의 일을 행하신다. 하나님이 창조의 하나님이시듯, 인간은 창조하는 인간이다. 이 세상 모든 것은 하나님의 창조와 인간의 창조로 가득하다.

조용기 목사는 그의 나이 22살인 1958년에 가난한 불광동에서 천막교회를 개척했다. 개척할 때 처음 모인 성도는 조용기 목사와 최자실 목사 가족 다섯 명이 전부였다. 그는 그때부터 한국 최대의 교회를 넘어 세계 최대의 교회를 퓨처 처치로 삼았다. 당시 한국 최대 교회인 영락교회에 가서 교회 크기를 줄자로 재면서 그보다 큰 교회를 세우겠다고 꿈꾼 것은 유명한 일화다. 그는 그 꿈을 이루기 위해 말 그대로 목숨을 걸고 전심전력으로 임했다. 퓨처 처치가 되기 위해서는 꿈만 꾸는 것이 아니라 그 꿈을 이루기 위해 전념하고 헌신해야 한다. 한국의 대다수 성장하는 교회에는 그 두 가지, 즉 '비전'과 '헌신'이 가장 중요한 자산이다.

미래 교회에 대한 명확한 시각이 현재의 목회를 결정한다

퓨처 처치는 장기적인 비전과 중단기적인 목표로 현재와 연결할 수 있다. 즉 궁극적인 평생 비전과 단계적인 현실 목표로 구분하는 것이다. 먼저 궁극적인 평생 비전을 그려 보자. 평생 비전이란 개척한 교회에서 은퇴할 때 혹은 정점에 있을 때의 교회 모습이다. 자신이든, 교회든 내가 궁극적으로 바라는 모습과 삶을 명확하게 정해야 한다. 내 안에 퓨처 셀프와 퓨처 처치가 분명할수록 자기 성장과 교회 성장의 가능성이 커진다. 그럴 때 근시안적 결정이 아닌 장기적인 안목이 생긴다. 비전이 원대할수록 탁월한 결정을 내릴 수 있다.

꿈과 비전은 클수록 좋다. 벤자민 하디는 불가능한 목표가 가능한 목표, 현실적인 목표보다 더 실용적이고 유익하다고 주장한다. 앨런 바너드(Alan Barnard) 또한 작은 목표나 단계적인 목표는 별로 도움이 되지 않는다고 했다. 왜냐하면 목표를 달성하기 위해 해볼 수 있는 일이 무수히 많기 때문이다. 그러나 거의 불가능한 목표를 세우면 그 목표를 달성할 수 있는 길은 한 가지밖에 없게 된다. 그렇기에 10배 이상의 원대한 미래가 훨씬 강력한 도구다. 현재 하는 모든 일을 훨씬 더 냉정하고 치열하게 생각해야 하기 때문이다.

인생은 각본이 아니라 도화지다. 인생의 방향은 내 의지나 소원과 관계없이 정해진 것이 아니라 하나님이 주신 가능성 안에서 창조적으로 선택할 수 있다. 아인슈타인은 "상상력이 지식보다 더 중요하다"라고 했다. 오래 전에 싱가포르 공항 한쪽 벽에 이 문장이 큰 글씨로 쓰여 있는 걸 본 적이 있다. 작은 어촌에 불과하던 싱가포르는 창조적이며 상상력이 풍부한 지도자의 비전 덕분에 개인소득 7만 달러 이상의 작지만 강한 선진국, 아시아 최고의 부강한 도시국가가 될 수 있었다.

《퓨처 셀프》앞 부분에는 십대 유튜버의 이야기가 실려 있다. 그는 별 볼 일 없는 유튜버였지만 지금은 세계에서 가장 많은 구독자를 갖고 있다. 그는 6개월 후, 1년 후, 5년 후, 10년 후의 미래 자기 모습을 비전으로 품고 그것이 실현될 것이라는 내용의 영상을 제작해 유튜브에 올렸다. 그 비전이 그를 일약 세계 최고의 유튜버로 성장시켰다. 그가 바로 '미스터 비스트'라는 이름으로 채널을 운영하는 지미 도널드슨(Jimmy Donaldson)이다. 꿈을 꾼 지 10년도 안 된 지금 그의 채널 구독자는 3억 9천만 명을 웃돌고, 영상 한 편당 조회수는 평균 1억 회가 넘는다. 이제 겨우 20대 후반의 나이지만 매년 수천만 달러의 수입을 올리고 있다.

　이런 이야기를 들으면 너무 허황된 것 같고, 특히 그리스도인으로서 지나치게 세속적으로 들릴 수 있다. 그러나 나는 세상적인 성공이나 돈벌이를 이야기하는 것이 아니다. 인간의 창조성, 꿈과 비전의 능력을 생각해 보자는 것이다. 인간에게 미래의 희망, 꿈, 목적, 목표가 얼마나 중요한지를 말하는 것이다. 인생은 살아가는 목적과 의미, 꿈과 희망이 없으면 죽은 것과 같다. 그러나 목적과 의미가 확실하면 절대 절망에서도 절대 희망을 붙잡고 초인적인 승리를 거둘 수 있다.

　절망적인 죽음의 포로수용소에서 살아남아 수많은 사람을 치유하고 회복시킨 오스트리아의 정신과 의사 빅터 프랭클(Viktor Frankl)이 산 증인이다. 빅터 프랭클은 "살아야 할 이유가 있는 자는 모든 어려움을 어떻게 해서든지 견뎌 낸다"는 말을 자주 하면서 실제로 절망을 이겨 냈다. 동물은 본능에 따라 존재하지만, 인간은 목적에 따라 행동한다. 목표가 행동의 원인이다. 비전이 현실을 뛰어넘게 하는 원동력이다. 미래의 꿈과 목표는 현재 상황을 이기는 내적 힘을 길러 준다. 목표에 대한 이미지를 명확하게 그릴 때 목표는 과정과 행동을 스스로 만든다. 가고자 하는 곳이 명확할수록 무수한 선택지에서 방황하는 일이 줄어든다. 퓨처 처치와 연결되는 수준이 현재의 삶과 행동, 목회의 사역과 수준을 결정하는 것이다.

릭 워렌(Rick Warren)은 《목적이 이끄는 삶》을 쓰기 전에 《목적이 이끄는 교회》라는 책도 집필했다. 그 책에서 릭 워렌은 건강한 교회가 되려면 예수님이 제시하신 다섯 가지 교회 목적이 분명해야 한다면서, 그 목적이 바로 교회 성장의 전략이 된다고 주장했다. 그가 다섯 가지 교회 목적을 그대로 실행한 결과 한 가정으로 시작한 교회가 양적으로나 질적으로 뛰어난 교회가 되었다. 그 다섯 가지 목적은 첫째, 교제를 통한 친화, 둘째, 제자 훈련을 통한 심화, 셋째, 예배를 통한 강화, 넷째, 사역을 통한 광역화, 다섯째, 복음증거를 통한 거대화이다. 이것은 이미 우리가 알고 있는 고전적인 목회의 콘텐츠다. 즉 성경적인 교회의 자화상이다. 우리는 이러한 건강한 교회를 꿈꾸어야 한다.

그러나 꿈만 꾼다고 해서 그런 교회가 되는 것은 아니다. 그 교회를 어떤 모습으로 목회할 것인지가 내 마음의 생각과 상상 속에 있어야 하는 것이다. 그것이 바로 이 책에서 내가 강조하고자 하는 것이다. 퓨처 처치는 모호한 희망이나 낙관주의가 아니다. 가시적이고 구체적인 목표다. 미래 교회에 대한 명확한 시각이 현재의 목회를 결정한다. 그런 목표는 현재 내가 사역하는 몰입의 방아쇠와 같다. 퓨처 처치가 내 삶과 목회의 강력한 동기 부여가 되어야 한다.

릭 워렌은 캘리포니아 새들백에서 교회를 개척할 때 자기가 앞으로 세울 교회의 미래 모습이 너무나도 확실했다. 단순히 대형교회가 아니라 사람들이 오고 싶어 하는 교회가 되기를 원했다. 그래서 그는 신학생 시절부터 미국에서 가장 크게 성장하는 교회 수십 개를 철저하게 연구했다. 수많은 교회 성장 사례의 책을 읽었다. 그리고 개척 지역에 도착했을 때 수백 가정을 일일이 방문하여 '왜 교회에 나오지 않는지' 이유를 파악했다. 그리고 그 문제를 해결하는 교회의 미래 그림을 그린 후에 지역 주민에게 그런 교회가 새로 시작되니 오라고 초청했다. 그 결과 새들백교회는 개척 초기부터 주목받는 교회가 되었고, 세계적인 교회 성장의 메카가 되었다.

우선 현실 목표 세 가지로 시작하자

장기적인 퓨처 처치, 예를 들어 10년이나 20년 후의 교회 모습과 연결됐다면 지금 현실에 맞는 목표를 정하자. 그것은 평생 비전이 아닌 현실 목표(Contextual Goal)이다. 지금 달성할 수 있는 가장 중요한 목표를 명확히 세우는 것이다. 스티브 잡스가 애플을 위대한 기업 중 하나로 만들 때 가진 궁극적인 목표는 세상을 바꾸는 것이었다. 하지만 당장 눈앞에 있는 현실적인 목표는 아이팟을 제대로 만들어 출시하는 일이었다. 그는 현실 목표에 집중해서 성공했고, 과업을 완수한 후에 그다음 목표에 초점을 맞추었다. 그러므로 지금 당장 시작하여 달성할 수 있는 가장 중요한 퓨처 처치의 목표를 종이에 적어 보라.

현재 상황에 맞는 퓨처 처치의 비전을 명확하게 세우는 일에는 다음 세 가지가 포함된다.

> 1 장기적인 퓨처 처치와 연결하라.
> 2 우선순위 세 가지를 정해서 현실에 맞는 목표를 명확하게 세우라.
> 3 세 가지 우선순위를 토대로 12개월 목표를 세우라.

목표 설정에는 두 가지 차원이 있다. 결과 목표와 행동 목표다. 다른 사람이나 주변의 환경 등 본인 이외의 요소가 개입되는 목표는 스스로 통제할 수 없다. 그런 목표를 '결과 목표'라고 한다. 반면에 '행동 목표'란 원하는 결과를 끌어당겨 주는, 스스로 통제 가능하고 노력해서 이룰 수 있는 목표를 말한다. 쉽게 말하자면 "지구의 자연을 지키고 싶다"는 것은 결과 목표이고, 그것을 위해 "1년 동안 사막에 나무를 몇 백 그루 심겠다"는 행동 목표다. 결과 목표가 평생 비전이라면, 행동 목표는 현실 목표라고 할 수 있다.

1. 장기적인 퓨처 처치 [10~20년 후]

장기적으로 당신의 교회가 어떤 모습이 되기를 원하는가?

예시 개척한 이후 은퇴할 때까지 비신자가 회심하고 성장하여 장년 출석 3백 명의 건강한 신약교회를 이룬다

나의 퓨처 처치

_____

_____

_____

2. 우선순위 3가지

장기적인 퓨처 처치와 연결되며, 현실에 맞는 우선순위 세 가지를 적어 보라.

예시 (1) 목사와 가족의 영육 간의 건강과 행복 (2) 영혼 구원(1천 명 예수 영접, 5백 명 세례) (3) 평신도 사역자(목자) 부부 30쌍 세우기

1 _____

2 _____

3 _____

3. 세 가지 우선순위를 토대로 한 12개월 현실 목표

위의 우선순위들을 바탕으로, 지금 달성할 수 있는 구체적인 목표를 설정하라.

예시 (1) 매일 한 시간씩 기도, 독서, 운동 (2) 매월 10명 전도하여 1명 이상 세례 (3) 12개월 내로 2명의 목자 임명

우선순위	12개월 목표(구체적으로)와 행동 계획
1	
2	
3	

    목표를 세운 사람 중에서 약 5퍼센트만이 그 목표를 달성시킨다고 한다. 나머지 95퍼센트는 달성하지 못한다. 어째서 이렇게 많은 사람이 목표를 달성하지 못하는 것일까? 그것은 스스로 통제하지 못하는 결과 목표만을 세우기 때문이다. 물론 결과 목표도 중요하다. 그러나 결과 목표를 이루려면, 노력하여 이룰 수 있는 행동 목표부터 세울 필요가 있다. 행동 목표가 바로 우선순위 세 개를 세워서 12개월 내로 이루는 것에 해당한다.

    개인이든 단체든 너무 많은 목표를 가지고 있으면 집중하지 못하고 실패한다. 가장 탁월한 수준으로 성공하는 기업은 세 개를 초과하는 목표를 추구하지 않는다. 세 개 이상 목표를 정하면 아무 것도 얻지 못하기 때문이다. 한 번에 모든 것을 다하려고 하면 결국 이루는 것은 없고 좌절만 하게 된다. 그러므로 우선순위를 세 가지 이내로 정해서 그것을 위해 집중 투자하는 것이 미래를 확실하게 얻는 길이다. 당신을 완전히 다른 차원의 삶으로 인도하고, 지금과는 전혀 다른 퓨처 처치가 되게 할 우선순위 세 가지는 무엇인가? 이 세 가지 우선순위가 열 배의 복리 효과를 창출하기 위해 집중적으로 투자해야 할 영역이다.

이제 다음 질문에 직접 대답해 보라.

> 1 당신의 현재 목적은 무엇인가?
> 2 다음 수준으로 도약할 미래의 당신 모습, 퓨처 처치는 어떤 모습인가?
> 3 퓨처 처치에 알맞은 환경을 제공할 수 있는가?
> 4 퓨처 처치의 비전을 생생하고 자세하게 그릴 수 있는가?
> 5 그 비전에 개인적으로 연결되어 있는가?
> 6 지금 당장 집중해야 할 가장 중요하고 핵심적인 우선순위 세 가지는 무엇인가?
> 7 우선순위 세 가지는 앞으로 성취해야 할 가장 중요한 목표에 도움이 되는가?
> 8 우선순위 세 가지는 당신의 가슴을 뛰게 하는가?

세 가지 우선순위를 명확하게 정한 다음은 각각의 우선순위마다 12개월 목표를 세워라. 이때의 목표는 구체적이고 실제적이어야 하며, 그 과정과 결과를 측정할 수 있어야 한다. 목표가 과정을 결정한다. 희망이 있다면 자연스럽게 길을 찾기 위해 생각하게 된다. 목표를 높이 세우면(예를 들어 열 배 이상), 현재의 과정이나 방식을 다시 철저하게 검토해야 한다.

댄 설리반(Dan Sullivan)은 "열 배를 기준으로 삼으면 다른 사람이 하고 있는 일을 건너뛰는 방법이 즉시 보인다"고 했다. 현재의 방식으로는 열 배의 목표에 도달할 수 없기에 훨씬 더 강력한 해법이나 직접적인 방법을 찾거나 직접 만들어 내야 한다. 물론 시행착오도 있다. 그러나 실행하다 보면 조금만 지나도 많은 방법을 알게 될 것이다.

퓨처 처치가 되는 1단계는 장기적인 비전과 그에 걸맞은 현실적인 목표를 명확하게 세우는 것이다. 퓨처 처치를 명확하게 정하고 현실적인 목표를 정했다면 2단계로 진입하자. 2단계는 목표와 우선순위를 방해하는 모든 요소를 제거하는 것이다. 가장 중요한 목표에 집중하는 것이다.

CHAPTER **02**

목표 | 덜 중요한 목표들을 제거하라

    목표 설정에 관해 이야기할 때 '산 전략'(Mountain Strategy)을 말한다. 미래의 나를 멀리 있는 산으로 보고 그 산을 향해 가고 있다고 상상하는 것이다. 산은 자신이 가장 원하는 것, 궁극적으로 추구하는 가장 소중한 것, 가장 바라는 꿈과 이상이라고 할 수 있다. 나의 '북극성' 혹은 나의 '백두산'이라고 해도 좋다.

    중요한 것은 목표에 초점을 맞추고 가는 것이다. 그 과정에서 방해가 되는 모든 것, 특히 최종 목표보다 덜 중요한 목표들을 제거함으로써 목적지에 도달하는 것이다. 산을 향하여 가면서 기회가 나타날 때마다 스스로 질문해 보라.

    "이 일로 내가 산에서 멀어질까, 가까워질까?"

    아무리 특별하고 좋은 기회일지라도 그것이 내가 목표로 한 그 산(the Mountain)에 더 가깝게 해주지 않으면 무조건 '노'(No)라고 말해야 한다.

가장 중요한 목표에 전념하기

지금 당신은 무엇에 가장 전념하고 있는가? 이 질문에 대한 답을 알고 싶으면 자신의 행동과 결과를 관찰하는 것이 가장 빠르다. 어떤 프로젝트를 진행하려고 하지만 다른 일 때문에 정신이 계속 산만하다면, 나는 다른 일에 전념하고 있는 것이다. 그 순간에는 다른 일이 더 중요한 목표다. 멋진 은퇴를 준비하는 데 전념한다고 하면서도 월급을 펑펑 쓰며 소비를 즐긴다면, 노후 대비를 위한 투자가 아니라 소비와 낭비에 전념하는 것이다. 부업을 하겠다면서 친구를 만나거나 휴대폰만 들여다본다면, 부업에 전념하는 것이 아니다.

지금 내 행동을 보면 무엇에 전념하는지 알 수 있고, 그 전념하는 일은 결과로 나타난다. 전념은 현재 무엇을 하는지에 대한 진술이다(Commitment is a statement of what is). 명확하고 구체적인 퓨처 처치의 목표를 정했는가? 그렇다면 이제 자신에게 질문해 보라.

"현재 가지고 있는 것을 포기할 만큼 충분히 전념하고 있는가?"

당신이 새롭고 더 나은 일, 즉 퓨처 처치에 제대로 전념한다면, 현재 하는 일 대부분을 중단할 것이다.

우선순위에서 벗어나는
덜 중요한 목표 제거하기

퓨처 처치가 되는 2단계는 덜 중요한 목표들(Lesser Goals)을 제거해서 인생을 단순하게 만드는 것이다. 순간순간 우리는 둘 중 하나를 골라야 한다. 목표에 전념할지 아니면 덜 중요한 목표에 굴복할지 말이다. 덜 중요한 목표는 지금 내가 습관적으로 하고 있는 대부분의 일일 수 있다. 무엇인가 새로운 일을 하겠다고 생각은 하지만, 하던 일을 중단하지 못하는 행동도 덜 중요한 목표에 매달리는 것이다. 건강하고 성경적인 퓨처 처치에 도움이 되지 않는 모든 것, 우선순위에 해당하지 않는 모든 것은 다 덜 중요한 목표다.

덜 중요한 목표는 대부분 시급한 문제와 사소한 목표들이다. 스티븐 코비(Stephen Covey)는 《성공하는 사람들의 7가지 습관》에서 시급한 일보다 중요한 일에 시간과 자원을 투자해야 성공 가능성이 높다고 주장했다. 큰 돌과 중간 돌, 자갈을 양동이에 다 집어넣으려면, 큰 돌부터 넣어야 한다. 즉 중요한 것을 먼저 넣을 때 똑같은 공간에 마법처럼 모든 것이 들어간다. 덜 중요한 일을 제거하지 않고 그것에 매달리는 한, 목표에 가까이 갈 수 없고 퓨처 처치 비전을 이룰 수 없다. 항상 실패하는 원인은 시급한 것과 단기적인 것에 묶여 있기 때문이다.

시급한 문제는 중요하지 않고, 중요한 문제는 시급하지 않다. 가장 중요하면서도, 장기적인 보상을 주는 행동에 집중해야 한다. 비전을 명확하게 하고 거기에 초점을 맞추는 것은 모든 목표 달성의 기본적인 원리다. 복잡성을 걸러 내지 못하면 몰입과 집중력이 무너진다. 우리는 장애물을 만나서 목표에 멀어지는 것이 아니라 눈앞에 보이는 덜 중요한 목표들 때문에 가장 중요한 목표를 놓치곤 한다. 내가 가야 할 산에 전념하지 못하는 이유는 더 쉽게 달성할 수 있고, 그래서 단기적으로 기분을 좋게 하는 다른 선택지가 많기 때문이다. 힘들고 어려워도 가장 중요한 우선순위에 모든 것을 걸어야 한다. 그렇지 않으면 결국 남는 것이 없게 된다.

 내가 20여 년 전 교회성장연구소를 운영할 때 수많은 세미나를 개최했었다. 그중에 "출석 성도 3백 명 돌파 세미나"가 가장 인기 있었다. 어느 날 참석자 중 한 명이 상담을 청했다. 그는 그동안 3백 여 개의 세미나에 참석했었다고 했다. 교재와 바인더가 수백 권이 된다고 했다. 그런데 아직도 그의 교회는 성도가 3백 명을 넘은 적이 없으니 어떡하면 좋겠느냐고 물었다. 그때 나는 이제 더는 세미나에 가지 말고 그동안 공부한 프로그램 중에 가장 좋았던 것, 가장 자신 있는 것 하나만 택해서 그것을 은퇴할 때까지 계속하라고 권고했다. 즉, 선택과 집중의 원리를 제시한 것이다.

 그런데 내가 교회를 개척한 후 나 자신이 그 기본적인 원리를 무시하고 말았다. 열정을 가지고 많은 프로그램을 시도한 것이다. 좋다는 세미나는 하루가 멀다 하고 찾아다녔다. 칼 세미나를 듣고 제자 훈련과 사역자 훈련을 몇 년 동안 열심히 했다. 알파코스가 좋다고 하기에 전 성도가 참여하게 해서 몇 년을 전념했다. 알파코스 마지막 시간은 게스트를 초청하는 날인데, 어느 기수에는 호텔에 5백 명 이상을 초대해서 만찬을 베풀었다. 그 외에 셀 목회, 바나바 훈련, 새 생명 전도 축제, 총동원 전도, 노방 전도 훈련, 자전거 전도 등에 열정을 쏟았고 그 나름대로 효과도 있었다. 결국 맨 마지막으로 전환하여 정착한 것이 가정교회 목회였다.

  이제 와서 돌아보니 진행했던 프로그램이나 사역은 다 좋은 것들이었다. 하지만 어느 한 가지를 끝까지 지속하지 못했고, 그 결과 탁월한 성과를 거두지 못했다. 선택지가 너무 많으면 오히려 그것들이 장애물이 되고 만다. 사실 너무 재능이 많은 것도 탈이다. 차라리 한 가지밖에 할 줄 몰라서 그것만 죽어라고 파는 것이 장기적으로는 더 열매가 확실할 것이다. 끝까지 하되, 제대로 해야 한다. 배운 대로 철저하게 원칙을 지키면서 끝까지 한다면, 무엇으로 한다 해도 교회는 성장하고 건강해질 것이다. 교회성장 분야에서도 성공은 어느 한 가지 검증된 사역에 올인하되 끝까지 하는 것에 달려 있다.

  전념에는 경계심이 필요하다. 덜 중요한 목표가 수시로 고개를 들기 때문이다. 쓸데없이 에너지와 집중력을 해치는 일 99퍼센트를 걸러내야 한다. 덜 중요한 목표는 더 하고 싶은 동기부여가 강력하다. 왜냐하면 합당한 결과와 보상이 보장되어 있고, 그 결과를 달성할 방법과 자신감이 쉽게 생기기 때문이다. 덜 중요한 목표는 빠른 보상과 결과를 안겨 주며 도파민이 샘솟게 한다. 덜 중요한 목표는 인생이라는 정원에서 마구 자라는 잡초와 같다. 그것을 제거해야 정원이 아름다워진다. 영혼 구원과 제자를 세우는 목회의 본질에 충실하지 않고 당장 출석 성도가 많아지는 것에 신바람이 난다면, 그것은 잡초만 무성한 교회를 세우는 것과 같다.

당신의 정원은 무엇을 생산하고 있는가? 당신의 정원은 퓨처 처치를 만드는 일에 최적화되어 있는가, 아니면 잡초가 무성한 혼돈의 상태인가? 퓨처 처치가 되는 1단계는 현실에 맞는 목표를 명확히 해서 세 가지 우선순위를 정하는 것이었다. 각각의 우선순위에 대해 구체적인 방법과 측정할 수 있는 과정을 계획했다. 도달해야 하는 북극성과 백두산이 무엇인지 정하고 성공적 목회라는 정원을 그려 보았다. 그 생생한 미래가 바로 퓨처 처치다. 삶과 사역에 진정한 의미를 주는 목적이다. 목적이 이끌어 가는 교회가 바로 나의 퓨처 처치다. 퓨처 처치를 실현하려면 자신의 목적에 백 퍼센트 전념해야 한다. 목적과 정체성은 서로 연결되어 있다. 가장 전념하는 것에 정체성이 있다. 목적이 무엇인가, 어디에 전념하는가에 따라 정체성이 달라진다.

퓨처 처치가 되는 2단계는 덜 중요한 목표에, 우선순위가 아닌 것에 더 이상 전념하지 않는 것이다. 그것들을 과감하게 제거하는 것이다. 이 덜 중요한 목표들은 현재의 삶에 너무나도 깊이 뿌리박고 있기 때문에 일상생활에서 순간순간 내리는 결정과 행동에 많은 영향을 미친다. 덜 중요한 목표가 삶에 깊이 뿌리내리고 있다는 말은 그 목표가 기존의 습관과 행동, 인간관계와 사역과 관련 있다는 의미다. 그런 습관이나 일상적인 일들이 가장 중요한 목표, 즉 나의 퓨처 처치를 추구하는 것을 방해한다.

생텍쥐페리는 말했다.

"완벽함이란 더 이상 추가할 것이 없을 때가 아니라 더는 뺄 것이 없을 때 이루어진다."

중요한 목표를 방해하는 일상적인 일은 무엇인가? 세 가지 우선순위에 들어가지 않는 것은 무엇인가? 퓨처 처치가 아니(No)라고 말하는데 현재의 내가 예(Yes)라고 말하는 것은 무엇인가? 퓨처 처치에서 멀어지게 만드는데도 계속 전념하고 시간과 에너지를 투자하는 것은 무엇인가? 그것을 가혹할 정도로 정직하게 평가해야 한다. 이같이 덜 중요한 목표를 제거하는 일을 지속적으로 해야 한다.

이를 위해서 말씀과 기도와 자기성찰 등으로 마음 챙김과 분별력을 길러야 한다.

CHAPTER 03

믿음 | 이미 이루어졌음을 믿고 나아가라

미래를 현재화하는 가장 확실한 길은 그 미래가 이미 이루어졌음을 믿고, 그 믿음에 따라 행동하는 것이다. 믿음이라는 말은 우리에게 너무 익숙하다. 그러나 진짜 믿음이 무엇인지를 아는 것은 쉽지 않다. 내가 성도들에게 믿음에 대해 설교할 때 가장 자주 사용하는 네 가지 정의가 있다. 믿음이란 첫째, 보지 못하는 것을 보는 것이다. 둘째, 이해되지 않아도 순종하는 것이다. 셋째, 없어도 드리는 것이다. 넷째, 안 돼도 끝까지 하는 것이다. 이 네 가지 믿음의 정의에는 공통점이 있다. 지금은 없지만 있는 것처럼 행동하는 것이다.

이미 가진 것처럼 행동하라

믿음에 대한 가장 단순한 성경적 정의는 히브리서 11장

1절이다.

"믿음은 바라는 것들의 실상이요 보이지 않는 것들의 증거니"

믿음이란 아직 가 보지 않은 길을 마치 갔다 온 것처럼 여기는 것이다. 즉 믿음이란 미래에 할 것을 다시 현재에 이루는 것이다. 이에 대해 빅터 프랭클은 이렇게 말했다.
"두 번째 삶을 사는 것처럼 살아라. 그리고 첫 번째 삶에서 했던 잘못된 행동을 지금 하려고 하는 게 아닌지 생각하라! 책임감을 자극하는 표현으로 이 격언보다 더 강력한 말은 없을 것이다. 이 말을 통해 현재는 과거이며 과거는 바뀌고 수정될 수 있다고 상상할 수 있다."
즉 믿음이 있는 자는 과거도 미래도 현재에서 새롭게 창조할 수 있다. 그래서 과거의 실패에 상처받지 않고, 미래의 실패를 두려워하지 않는다.
퓨처 처치가 이미 되었다고 생각하고 결심하고 행동하는 것이 믿음이다. 간절히 원하는 것을 위해 행동하겠다고 결심하면 그 결심과 일치한 행동을 하게 된다. 그래서 믿음은 행동과 힘을 이끌어 내는 원리가 된다. 믿음으로 산을 옮기고, 사람을 달에 보내고, 수천억 원을 벌고, 불치병도 치료한다. 믿음이란, 원하는 것을 이미 받았음을 알고 그에 따라 행동하는 것이다. 그러므로 현재 어떤 모습인지가 퓨처 처치에 대한 증거다. 퓨처 처치에 대한 믿음과 집념이 얼마나 큰지는 생각과 행동을 통해 증명된다. 모든 생각과 행동이 목표, 즉 퓨처 처치라는 필터를 거치게 되는 것이다.

하나님은 하나님의 뜻에서 벗어나지 않는 한 우리에게 주신다. 원하는 미래, 즉 퓨처 처치에 백퍼센트 전념하고 최종 결과를 이미 얻었다고 생각하라. 그러면 자신이 만들고 있는 미래에 대한 증거가 점점 더 많아진다. 퓨처 처치를 이루는 데 필요한 노력과 변화가 전혀 힘들지 않을 것이다. 오히려 꿈을 향해 나아가지 않고 가만히 있는 것이 더 고통스러울 것이다. 한때 탈출구로 삼았던 순간적인 쾌락만 좇던 행동들이 괴로울 것이다. 그리고 더 용감해질 것이다. 같은 꿈을 가진 사람들과 가까워질 것이고 서로 협력 관계를 구축하게 될 것이다.

벤자민 하디는 믿음을 '앎'(knowing)으로 해석했다. 우리의 의식 수준에 단계가 있는데 필요(needing)와 열망(wanting)과 앎이다. 필요와 열망은 모든 행동의 동기와 원인이 된다. 그런데 그것들은 무엇인가 심한 부족과 결핍을 암시한다. 아직 가지지 못하고, 갖추지 못했다는 증거다. 그러나 앎은 필요와 열망보다 더 높은 수준이다. 앎이란 자신이 원하는 것을 이미 가지고 있다는 사실을 받아들이는 것이다. 그 결과 인생은 수용과 평화와 감사의 삶이 된다. 그래서 믿음이란 이미 받았음을 알고 그에 따라 행동하는 것이라고 말하는 것이다.

원하는 것이 이미 당신 것임을 알면, 그 사실을 몰랐을 때와는 다르게 행동한다. 퓨처 처치가 이미 되었다는 것을 알면 목회의 방식과 행위가 완전히 달라질 것이다. 내일 아침에 일어나 체육관에 갈 거라는 사실을 아는 사람은 그렇게 하기를 원하는 사람과 분명히 다른 마음가짐을 가지고 다르게 행동한다. 앎이란 내적 경험이자 적극적인 수용이다. 믿음으로 퓨처 처치를 세밀하게 상상해 보라. 퓨처 처치에서 목회하는 나의 모습을 생생하게 그려 보라. 조용기 목사는 천막을 치고 가마니를 깔고 다섯 명의 가족과 처음 교회를 시작할 때부터 수천 명의 성도가 자신의 설교를 듣고 있는 모습을 바라보고 열정적으로 설교했다고 한다. 그의 마음속에는 이미 퓨처 처치가 완벽하게 이루어져 있었던 것이다. 그것이 바로 믿음의 세계다.

너무나도 유명한 조용기 목사의 일화가 있다. 천막 교회 시절, 너무 가난하여 물만 마시고 심방할 때의 일이다. 그는 하나님께 설교 준비에 필요한 책상과 심방에 필요한 자전거를 위해 기도했다. 구한 것은 이미 받은 줄로 믿었던 조용기 목사는 성도들에게 책상과 자전거를 하나님으로부터 받았다고 선언했다. 그냥 책상이 아니라 진한 갈색의 마호가니 책상이요, 기어가 달린 자전거라고 했다. 그가 구체적으로 원했던 책상과 자전거였다.

하루는 조용기 목사가 좋은 책상과 자전거를 가졌다는 소문을 듣고 동네 불량배들이 찾아왔다. 그 책상과 자전거를 내놓으라고 했다. 그러자 조용기 목사는 조금도 주저하지 않고 자기

가슴에 손을 대고 "이 안에 있다. 내 마음속에 있다"고 당당하게 말했다. 물건을 빼앗으러 온 불량배들은 욕을 하며 돌아갔다. 그날 이후 조용기 목사는 '자전거를 임신한 미친 전도사'라는 별명이 붙었다. 그런데 얼마 지나지 않아 미국으로 귀국하는 선교사가 조용기 목사에게 자기가 쓰던 마호가니 책상과 기어 달린 자전거를 남겨 주고 떠났다. 조용기 목사가 생생하게 원하고 기도하고 믿었던 그 물건이었다.

당신이 믿음의 사람이라면 원하는 바가 이미 당신 것임을 알아야 한다. 그 사실을 마음 깊이 받아들여야 한다. 하나님께 간절히 기도하라. 마음에 평안이 임할 때까지 기다리라. 평화와 미소를 느끼고 미래의 모습에, 퓨처 처치에 대해 진정한 감사와 기쁨을 표하라. 진정한 감사는 받은 다음에 하는 것이 아니다. 받기 전에 하는 것이 진정한 감사, 믿음이 있는 감사다. 왜냐하면 미래에 이미 받은 것이기 때문에 감사할 수밖에 없다. 그러므로 원하는 것을 받으려면, 지금 미리 감사를 드리라. 미래에 받고자 하는 것에 미리 감사하면, 그 감사의 힘은 극적으로 강력해져서 열망에서 앎으로 나아가게 된다.

이미 목표를 이룬 미래의 내가 돼라

사람들이 원하는 것을 얻지 못하는 가장 큰 이유는 자신이 그것을 얻을 자격이 없다고 생각하기 때문이다. 머리로는 상상하는데 감정이 목표 실현을 방해한다. 제약에 갇혀 자신이 바라는 미래를 감정적으로 거부한다. 하나님이 나를 부르시고, 내가 개척 또는 목회하는 교회가 성장하기 원하시고, 그 교회를 통해 많은 영혼을 구원하고 많은 제자를 세우기 원하신다는 것을 믿으면 퓨처 처치의 기적이 일어난다. 나를 부르신 하나님, 나를 쓰시는 하나님을 믿는다면 나 자신도 믿어야 한다. 나의 퓨처 처치를 믿어야 하는 것이다.

그러므로 무언가를 진심으로 원할 때, 그것이 이미 내 것임을 알게 될 때까지 깊이 생각하고 이루어진 것처럼 상상하고 기도하라. 퓨처 처치 안에서 신나게 사역하는 나 자신의 모습을 수용하고 그 사실에 감사하라. 내가 원하는 것이 이미 내 것이 되었다는 완벽한 수용을 경험하는 것이다. 그러면 완전히 평화로운 상태가 되고 결핍과 부족이 전혀 없게 된다. 오직 감사와 수용만 있게 된다. 이처럼 앎과 수용의 상태에 도달하는 것이 매우 중요하다. 그래서 당신은 지금 퓨처 처치가 되어야 한다(Be Your Future Church Now)!

정체성이 달라지면 행동이 달라진다. 내가 누구인지 알면 행동하게 된다. 알면서 행동하지 않으면 아는 것이 아니다. 다시 강조한다. "믿음이란 이미 받았음을(되었음을) 알고 그에 따라 행동하는 것이다." 믿음은 앎이고, 앎은 그와 일치하는 발전적인 행동으로 자연스럽게 이어진다. 퓨처 처치로 향하는 행동

> 먼저 미래의 내가 돼라.
> 그다음 미래의 나로 행동하라.
> 그러고 나서 원하는 것을 얻어라.

하나하나가 믿음의 증거다. 지그 지글러(Zig Ziglar)는 "먼저 행동하는 사람이 '되어야' 행동할 수 있고, '행동해야' 얻을 수 있다"라고 말했다. 이는 대다수 사람이 목표에 접근하는 방식과 정반대다. 그리고 원하는 삶을 사는 사람이 왜 그렇게 적은지도 보여주는 말이다. 일반적으로 사람들은 먼저 얻어야 행동할 수 있고, 그다음에 원하는 모습이 될 수 있다고 믿기 때문이다.

믿음의 원리가 작동하려면 지금 당장 미래의 내가, 미래의 교회가 될 수 있다는 사실을 깨달아야 한다. 그렇게 알면 현재의 나라는 제약에서 벗어나 미래의 나로 행동하게 될 것이다. 원하는 것이 이미 당신 것임을 알고 받아들여라. 그러면 당신의 목표는 종착지가 아니라 출발선이 될 것이다. 이미 성공했다고 생각하면, 퓨처 처치라는 위치에서 생각하고 행동한다. 목표를 달성하려고 행동하는 게 아니라 목표를 달성했다고 생각하며 행동하기 때문에 훨씬 더 효과적이고 강력하게 행동할 수 있다. 미래의 나를 실현하는 유일한 방법은 지금 미래의 내가 '되는 것'(being)이다. 먼저 미래의 내가 돼라. 그다음 미래의 나로 행동하라. 그러고 나서 원하는 것을 얻어라.

믿음으로 목표가 이루어진 것을
상상하고 선포하라

완전히 목표에 전념하는 순간 하나님의 섭리도 함께 움직인다. 이 사실을 모르면 수많은 아이디어와 멋진 계획들을 망치게 된다. 전념하는 순간, 전념하지 않았다면 일어나지 않았을 온갖 일이 일어나 도와준다. 그 일들의 시작은 전념하기로 한 결정이다. 전념하기 시작하면 꿈도 꾸지 못했던 뜻밖의 사건과 만남, 물질적 지원이 자신에게 유리하게 작용한다.

내가 목표를 이미 이루어진 것으로 상상하고 앎으로써 거의 기적과 같은 체험을 한 적이 있다. 풀러신학교에서 두 가지 석사 과정(M Div., Th.M.)을 마치고 박사 과정(Ph.D.)에 들어가기 위해 종합시험을 치러야 했다. 다섯 과목당 수십 권의 책을 읽고 그 안에서 나오는 에세이 문제를 5일간 치러야 했다. 박사 과정 프로그램에서 지도교수를 지정받으려면 종합시험 다섯 과목 중 세 개 이상의 HT(Honor Theory) 점수를 받아야 한다. 그때 나는 몸도 허약하고 영어도 약해서 아주 힘들었다. 특히 눈이 좋지 않아 거의 책을 읽을 수 없었고, 십이지장 궤양 탓에 위와 허리 부분에 통증이 심했다. 그래서 박사 과정을 약간 난이도가 쉬운 D. Miss.(Doctor of Missiology) 과정으로 변경하려고 했었다.

그런데 베데스다신학교에서 열린 집회에 참석하여 조용

기 목사님을 만나게 되었다. 그날 저녁 말씀은 빌립보서 3장에서 바울이 고백한 "푯대를 향하여 부름의 상을 위하여 달려간다"는 내용의 본문이었다. 목표를 정하고, 믿음으로 그 목표가 이루어진 것을 상상하고 입으로 선포하라는 메시지였다. 수없이 들었고, 또 나도 여러 번 설교한 내용이었다. 그런데 그날 그 말씀이 내 마음을 뜨겁게 했다. 그 후 나는 몇 개월 동안 시험을 준비하면서 다섯 과목 전체를 최고 수준인 HT로 이미 합격했음을 날마다 상상하며 기도했다. 노트 수백 장에 예상 문제와 답을 정리해서 암송하다시피 했다. 눈이 아파서 그 내용을 녹음한 후에 계속 들었다. 90분짜리 카세트테이프 50개 이상 되는 분량이었다. 책상 앞에, 노트에, 50개가 넘는 테이프에 '5HT'를 적어 놓고 그 점수를 받는 나의 모습을 상상하고 감사했다.

드디어 시험 주간이 되었다. 하루에 4시간가량 닷새 동안 시험을 치렀다. 너무 긴장해 속이 좋지 않았는데도 과목마다 2-30장의 에세이를 써 내려갔다. 시험을 다 치르면 한 달에 걸쳐 합격 점수를 공지한다. 그런데 놀랍게도 전 과목에서 HT를 받게 되었다! 시험을 치른 30여 명 중에서 유일하게 다섯 과목 전체 최고 점수를 받은 것이다. 그러자 피터 와그너 박사가 기뻐하면서 내 지도교수가 되어 주었고, 그 이후 박사 과정이 수월할 수 있었다. 한 번 확실하게 인정을 받자, 학위를 받을 때까지 피터 와그너 박사가 물심양면으로 지도하고 가르쳐 주었다. 최후 논문 심사인 오랄 디펜스를 끝내고 결정이 났을 때 그는 환한 미소를 지으며 나에게 악수를 청하면서 말했다. "명 박사, 축하하네!" 믿음으로 나갈 때 기적이 일어난다.

　진정한 미래의 나를 받아들이고, 그 모습이 이미 당신의 모습이라는 사실을 알면 목표와 일치한 행동을 하게 된다. 환경은 즉시 달라질 것이고, 전에는 보이지 않던 것을 볼 것이다. 그리고 목표와 상관없는 행동을 더는 하지 않을 것이다.

　여기까지 왔다면 이제 4단계로 진입할 순간이다. 4단계는 앎의 상태에 있는 당신이 원하는 것을 정확하게 요구하는 단계다. 즉 하나님께 기도하고, 인간관계에서 요청함으로 도움을 받는 단계다.

CHAPTER 04

기도 | 하나님께 기도하고 사람에게 요청하라

기본적으로 하나님은 우리가 구하는 것이 하나님 뜻에서 벗어나지 않는 한 주신다고 약속하셨다. 기도 응답에 관한 성경적인 약속 대다수는 조건 없이도 우리가 원하면 허락하신다는 것이다.

"구하라 그리하면 너희에게 주실 것이요 찾으라 그리하면 찾아낼 것이요 문을 두드리라 그리하면 너희에게 열릴 것이니 구하는 이마다 받을 것이요 찾는 이는 찾아낼 것이요 두드리는 이에게는 열릴 것이니라 너희 중에 누가 아들이 떡을 달라 하는데 돌을 주며 생선을 달라 하는데 뱀을 줄 사람이 있겠느냐 너희가 악한 자라도 좋은 것으로 자식에게 줄 줄 알거든 하물며 하늘에 계신 너희 아버지께서 구하는 자에게 좋은 것으로 주시지 않겠느냐" 마 7:7-11

교회가 세워지거나(개척) 성경적으로 성장하는 것은 하나님의 뜻이다. 그러므로 내가 개척하고 목회하는 교회가 더 건강하게 부흥할 것이라는 퓨처 처치를 위해서 기도하고 요청하면 하나님은 들어주신다. 그 믿음으로 강력하게 요청하라는 것이 퓨처 처치를 이루는 네 번째 단계다. 주의 일을 하는 데 있어 간절하고 끈질긴 기도가 얼마나 중요한가는 더 이상 강조할 필요가 없다. 그런데 여기서 퓨처 처치를 위해 기도할 때 단지 열심히 기도하는 것보다 더 중요한 것이 있다. 내가 원하는 미래 교회가 이미 이루어졌다는 것을 오감(五感)으로 느끼면서 기도해야 한다는 것이다.

입으로 시인할 때 내 것이 된다

기도는 많이 할수록 좋다. 하루에 쉬지 않고 몇 시간씩 기도하는 것은 대단한 일이다. 그러나 막연히 무조건 좋은 것을 달라고 하거나, 자신이 정한 목표를 이루게 해 달라고 반복해서 기도한다고 해서, 그것이 저절로 이루어지는 것은 아니다. 앞에서 조용기 목사가 책상과 자전거를 하나님께 구하여 받았다고 이야기했다. 조용기 목사의 간증을 들어 보면, 처음 두세 달은 하루 종일 열심히 기도했는데도 응답이 없어서 "왜 응답이 없습니까?"라고 하나님께 원망하듯 항의했다고 한다. 그런데 하나님이 마음속에 말씀하시기를 "네가 책상과 자전거가 필요하다는 것은 알겠다. 그런데 어떤 책상과 자전거를 원하는지는 말하지 않았다"고 하셨다고 한다.

그래서 조용기 목사는 기도를 바꾸어 아주 구체적이고 세밀하게 구했다. "주님, 새것은 비싸니 중고로 주시되 책상은 갈색 마호가니인데 양쪽에 서랍이 있는 것이고요. 의자는 바퀴가 달린 것으로 주세요. 자전거는 기어가 10단 이상 달린 것으로 주시되 비포장도로를 달려도 끄떡없는 강성(强性)의 산악자전거를 주세요." 그러면서 조용기 목사는 이미 받았음을 믿고, 그 책상 앞에 앉아 설교 준비하는 자신의 모습과 그 자전거를 타고 집마다 심방하고 전도하러 가는 모습을 또렷하게 상상하며 기도를 드렸다고 한다. 이미 받았음을 입으로 선포한 것이다. 그 결과 오래지 않아 자국으로 귀국하는 선교사로부터 자신이 간절히 원하고 그림을 그렸던 것과 너무나도 똑같은 물건을 물려받을 수 있었다.

"신이 지쳐서 당신을 축복할 때까지 조르라"는 말이 있다. 물론 하나님은 자기만 위하는 탐욕을 조른다고 들어주시지 않는다. 그러나 적어도 주님의 교회를 건강하게 성장시키겠다는 사역자의 요청은 반드시 들어주신다. 요청할 자격이 없다고 생각하지 말라. 아들이 아버지께 요청하는 것이다. 청지기가 주인께 요청하는 것이다. 내 교회가 아닌 하나님의 교회를 위한 요청이다. 그러므로 들어주신다고 믿어야 한다. 큰 교회에 대한 거부감을 털어 내야 한다. 성장에 대한 부정적 감정도 바꾸자.

하나님은 작은 교회도, 큰 교회도 사랑하신다. 다 필요하다. 마음속에 큰 교회로 성장시키고 싶은 마음이 계속 올라오는 것은 하나님이 주신 소원이다.

원하는 것이 이미 이루어졌음을 믿는 방법 중에 두 가지 법칙, 즉 '상상의 법칙'(Law of Visualization)과 '확언의 법칙'(Law of Affirmation)은 세상에서도 작동하는 성공 법칙이다. 동기와 목적이 올바르다면 그 두 가지 법칙은 성경적이면서도 실제적이다. 우리가 구원받는 것도 마음으로 믿고, 입으로 시인할 때 내 것이 된다(롬 10:10). 에베소서 3장 20절에도 우리가 구하거나 생각하는 모든 것에 더 넘치도록 능히 주신다고 하셨다. 그러므로 퓨처 처치를 위한 기도는 기도 자체보다 자신이 원하는 교회의 그림이 얼마나 명확한지, 그리고 그 비전에 얼마나 전념하는지, 그 미래의 모습이 내 것이 되었다는 상상을 얼마나 현실적으로 하는지가 더 중요하다. 그러므로 몇 시간 기도했느냐에 위로받지 말고, 단 10분이라도 강력한 믿음의 세계에 들어가는 기도로 요청하라.

자신있게 강력하게 요청하라

하나님께 기도로 요청하는 것 못지않게 중요한 것이 사람들에게 요청하는 것이다. 벤자민 하디의 《퓨처 셀프》에 보면 자기를 좋아하는 사람들에게 요청해서 엄청난 성공을 거둔 어맨다 파머(Amanda Palmer)라는 뮤지션 이야기가 나온다. 파머는 테드 강연에서 '요청하는 기술'(The Art of Asking)이라는 개념을 제시해서 유명해졌다. 무명 시절 파머는 자신의 트위터에 공연 장소와 시간을 올려서 노래를 불렀다. 인기가 점점 높아지자 대형 음반 회사와 계약하고 앨범을 출시했다. 그런데 예상보다 많이 팔리지 않았다. 그때 파머는 음반 회사와의 계약을 파기하고 직접 팬들에게 앨범을 판매하기 위한 크라우드 펀딩을 요청하기로 했다.

목표 금액이 10만 달러였는데 SNS를 통해 구체적으로 요청하자, 놀랍게도 요청에 응한 사람들이 대거 지원하여 120만 달러가 모금되었다. 음반 제작을 위한 크라우드 펀딩으로는 최대 규모의 금액이었다. 2만5천 명이 파머의 요청에 응했던 것이다. 파머는 그 이후 인생에 필요한 것을 요청함으로 얻고 있다. 그리고 그 요청의 비법을 사람들에게 가르치고 있다. 파머는 부끄러워하지 말고, 담대하게 요청하라고 권한다. 삶의 원리는 서로 믿고 주고받는 관계로 이루어진다. 그것은 하나님이 그렇게 만드신 법칙이다. 하나님도 우리와 주고받으시는 관계로 이끄신다.

인기가 높은 유튜버들의 특징은 좋은 영상을 송출하기도 하지만, 적극적으로 후원을 요청한다는 것이다. '좋아요'와 '구독'을 요청하고, 더 나아가 후원금도 요구한다. 수백만 명의 구독자를 보유한 어느 유튜버는 재미있는 방식으로 이러한 것들을 요구해서 엄청난 수입을 올리고 있다. 처음에는 죄지은 사람처럼 소심했지만, 시간이 지나면서 두려움을 떨쳐 내고 원하는 것을 정확하게 요청했다. 조슈아 울프 솅크(Joshua Wolf Shenk)는 《둘의 힘》에서 "원하는 것을 말하고 그것을 한 사람이라도 들으면 발생 고리(a Generative Loop)를 시작할 수 있다"고 말했다.

목회를 잘하는 사역자일수록 성도들에게 헌신을 강하게 요청한다. "이런 말을 하면 시험에 들지 않을까?"라고 생각하기보다 "헌신을 요구하는 것이 결국 성도를 복되게 하는 것이다"라고 믿고 담대하게 요청하는 것이다. 그래서 교회를 힘 있게 하고 크게 성장시킨다. 헌신을 요구해서 교회를 떠나는 사람들보다, 진지한 요청 덕분에 동기 부여를 얻어 더 열심히 교회를 섬기는 경우가 많다. 생각보다 많은 성도가 목사가 요청하지 않아서 아무 것도 하지 않는 예배 출석자가 되고 있다. 그 결과 교회는 물론, 목사 개인도 사역적으로나 재정적으로 혼자서 불필요하게 고생하는 것이다.

30대에 개척을 해서 행복한 목회를 하고, 개척 3년 만에 책을 세 권이나 쓴 장산하 목사는 교회 개척 자금 없이도 성공한 사례다. 그는 개척하기 전에 부목사로 섬겼던 교회 성도들과 지인들에게 후원을 요청했다. 자립하는 1-2년 동안 한 사람당 1만 원부터 시작하는 지원을 부탁한 것이다. 그 요청 결과 매달 사례금으로 270만 원을 받을 수 있었다. 지원은 점점 줄었지만,

그사이에 교회가 성장하여 재정의 균형을 맞출 수 있었다. 그는 후원을 요청할 때 기도 편지에 분기별로 꾸준히 개척교회와 사역 이야기 그리고 기도 제목들을 실어 보냈다. 지금도 지혜로운 전략이 있으면 얼마든지 개척이 가능하고 자립과 성장이 가능하다는 것을 보여 준 실례다.

무언가를 요청한다는 것은 그것에 전념한다는 뜻이다. 구구절절 설명하지 말고, 직접적이고 대범하게 요청하라. 그러면 받기 시작할 것이다. 원하는 것을 직접적으로 요청하면 그것을 얼마나 빨리 얻게 되는지 놀라게 된다. 시작이 힘들지 전혀 어려운 일이 아니다. 전 세계 가난한 사람들을 돕는 구호 기관이나 자선 단체는 모두 후원자들에게 요청함으로 활동과 운영이 이루어진다. 나도 목회하면서 교회에 정말 필요한 것을 요청할 때 하나님의 응답으로 주어진 것이 한둘이 아니었다. 교회 차량 구입이나 성전 건축에는 개인적으로 요청한 교회 안팎의 사람들, 하나님이 예비하신 까마귀들(엘리야 선지자에게 먹을 것을 물어다 준)이 해결해 주었다.

내가 교회를 가정교회로 전환할 때에도 많은 선배, 동료 목회자들에게 수시로 요청했다. 감사하게도 가정교회 사역자들은 목회자나 평신도 목자나 모두 요청에 자원하는 마음으로 응해 주고 도와주었다. 믿지 않는 불신자들만 대상으로 목회하는 가정교회 사역자들은 같은 지역에 있어도 경쟁 대상이 아니라 서로를 도와주고 격려하는 가족 이상의 공동체이다. 그것은 서로 유무상통하는 신약교회의 실제적 모습이다. 목회자 세계에서도 무한 경쟁의 싸움터에서 진정한 친구가 되지 못하고, 서로 적이 되어야 하는 상황이 비일비재한데 신약교회 운동에 동참하는 사역자들은 그렇지 않아서 좋다. 목회적인 요청에 응하고 필요를 채우는 진정한 공동체라서 좋다.

합당한 요청은 하나님도, 사람도 응답한다

내가 성시교회를 조기 은퇴하고 후임에게 맡긴 것도 후임목사의 요청으로 이루어진 것이다. 후임인 정기영 목사 부부가 하나님께 기도하는 가운데 음성을 듣고 나에게 러브콜을 했다. 성시교회를 건강한 신약교회로 잘 세우고, 한국교회를 위한 신약교회 운동에 동역하고 싶다고 요청해 온 것이다. 미국 오스틴에 소재한 교회를 25년간 성공적으로 목회한 정기영 목사는 가정교회 테두리에서도 가장 성공적으로 목회하던 분이었다. 그가 성령님이 주시는 소원을 가지고 요청했을 때 나는 하나님이 뜻하신 부르심으로 알고 수용했다. 합당한 요청에는 하나님도 들어주시고, 사람도 응답하는 것이다.

당신은 꽃을 찾아다니는 꿀벌이 될 수도 있고, 꽃이 되어 꿀벌이 당신을 찾아오게 만들 수도 있다. 당신이 원하는 것을 직접적이고 명확하게 요청하라. 그러면 그것을 얻게 될 것이다. 내가 내 아내에게 데이트를 신청하고 결혼하게 된 것, 스승 목사님에게 요청하여 미국 유학을 하게 된 것, 와그너 박사에게 지도 교수를 요청하여 박사 학위를 딴 것, 국민일보에 요청하여 교회성장연구소를 설립한 것, 전국에 있는 목회자들에게 요청하여 수천 명의 교회성장클럽 회원을 확보한 것, 성시교회를 개척한 것, 신약교회로 전환한 것 등 모든 것이 기도하고 요청한 결과들이다. 요청하면 얻게 될 것이다. 때로는 응답이 올 때까지 끈질기게 요청해야 한다. 성장하고 발전해 가면서 우리는 더 좋은 것을 원하게 될 것이다. 그러므로 퓨처 셀프, 퓨처 처치를 명확하게 보는 안목과 기술을 더 연마해야 한다. 그러면 발전한 미래의 나와 미래 교회에 잘 어울리는 것을 구체적으로 요청할 수 있을 것이다.

퓨처 처치가 되는 네 번째 단계는 원하는 것을 직접 요청하는 것이다. 하나님께 기도로 요청하라. 전문가에게 겸손하게 요청하라. 성도들에게 적극적으로 요청하라. 친구와 누구에게든 요청하라. 그냥 요청하라. 두려워하지 말라. 부끄러워하지 말라. 퓨처 처치를 명확히 보고, 목표를 이루는 과정을 단순화하고, 그것이 이미 이루어진 것을 믿고, 정말 원하는 것을 정확하게 요청하는 일에 능숙해져라. 그러면 원하는 것과 퓨처 처치를 더욱 확실하고 빠르게 얻게 될 것이다. 퓨처 처치는 이루어진다!

CHAPTER **05**

조직 | 자동화하고 조직화하라

퓨처 처치의 비전을 명확하게 그리고(1단계), 가장 중요한 목표에 집중하기 위해 덜 중요한 목표들을 제거한 후에(2단계), 그 목표가 이루어진 것을 믿음으로 안다면(3단계), 하나님과 사람에게 자신의 필요를 요청하라고(4단계) 했다. 퓨처 처치를 이루는 5단계는 자동화하고(automate) 시스템화하는(systemize) 것이다. 퓨처 처치의 자동화와 시스템화는 한마디로 업무와 사역을 최적화하는 것이다. 올바른 일, 즉 목적과 방향을 잘 잡는 것이 효과라면, 그것을 올바르게 즉 속도와 생산성을 높이는 것은 효율이다. 최적화란 바로 효율을 좋게 하는 것이다.

혼자 하지 말고 일을 분배하라

아리 마이젤(Ari Meisel)은《더 적게 일하고, 더 많이 누리기》

에서 이렇게 말했다.

"어떤 일에 도전하든 가장 먼저 해야 할 일은 최적화다. 목표를 가장 기본적인 단위로 세분화하고 단순화해야 한다. 그다음 꼭 필요하지 않은 것은 모두 제거하라. 그렇게 최적화 상태로 만들어 놓았다면, 다음 단계는 최대한 자동화 상태로 만드는 것이다. 특정한 소프트웨어나 프로세스를 활용하면 직접 관여하지 않아도 업무를 완수할 수 있다. 자동화를 설정해 놓고 잊어라. 마지막 남은 업무는 다른 사람이나 전문가에게 아웃소싱하라. 당신의 업무를 아웃소싱하면 많은 도움이 된다. 남은 업무를 아웃소싱하려면 일단 최적화와 자동화를 통해 최대한 업무를 끝내 놓아야 한다."

이 말은 주로 개인과 기업의 업무에 관한 내용이지만 퓨처처치를 위한 목회와 사역에도 적용이 가능하다. 이제 막 개척한 작은 교회나 대형교회나 조직이 잘 갖추어져야 교회가 잘 돌아간다. 목사 혼자서 모든 일을 하는 교회는 건강하게 성장할 수 없다. 초대교회도 사도들이 기도와 말씀에 전념하기 위해 성도들을 섬기고 돌보는 일은 일곱 집사에게 맡겼다(행 6장). 즉 사도들이 신경을 안 써도 교회가 저절로 돌아가게 한 것이다. 목사의 가장 중요한 일이 리더십과 설교를 잘하는 것이라면 그 일에만 몰두할 수 있도록 목회 환경을 최적화해야 한다. 설교를 잘해서 성도들이 많이 모였는데 그 성도들을 활용하는 조직력과 행정력이 약해서 교회가 성장하지 못하는 경우가 적지 않다.

내가 교회성장연구소 소장 시절에 수많은 교회를 다녀 보았다. 초대형 교회부터 아주 작은 개척교회까지 초대받거나 탐방했다. 그중에 어떤 교회는 담임목회자가 안쓰러울 정도로 모든 일을 혼자 감당하느라 바쁘고, 지치고, 여유가 없었다. 예를 들어 담임목사가 주일 아침 일찍 출근해 두 시간 가까이 성도들을 승합차에 태워 교회에 온다. 예배당 문을 열고 조명과 마이크를 켜고 예배 준비하는 것도 담임목사의 몫이다. 찬양과 기도회 인도, 설교도 담임목사가 한다. 예배 후 식사 준비는 그나마 사모가 담당하여 담임목사가 하지는 않는다. 그렇지만 예배를 마치고 청소와 쓰레기 처리까지 담임목사가 한다. 심한 경우 교회에서 발생한 쓰레기를 모아 담임목사가 사택까지 가지고 간다. 잊을 수 없을 정도로 안타까웠던 교회의 모습이었다.

리더십이란 결국 사람들을 조직화하는 것이다. 사람들이 각자의 역할을 잘 감당하게 적재적소에 배치해서 신나게 일하게 함으로써 공동체 전체가 잘 운영되게 하는 것이 리더십이다. 따라서 리더는 직접 일을 많이 하는 자가 아니라 모든 구성원이 일을 잘하게 하는 자라야 한다. 원하는 곳으로 더 빠르고 쉽게 가려면 퓨처 처치를 전략적으로 가동해야 한다. 의식적인 노력 없이도 집중, 계획, 실행이 가능하게 하는 것이다. 자동화는 일관성 있는 결과를 보장하는 시스템이다. 그것을 전문용어로 '필연성 사고'(Inevitability Thinking)라고 한다. 즉 '어떤 결과가 나오도록 상황을 설정해 놓았기 때문에 마치 예측된 결론이 있는

> 무엇보다 목표를 명확하고 단순하게 할 때
> 퓨처 처치를 체계적으로 시스템화할 수 있다.

것처럼 생각하고 행동하는 것'이다.

퓨처 처치를 시스템화하라. 그 말은 목표 달성에 도움이 되는 활동을 최대한 저항이 없는 상태로 자동화해서 일상적인 활동으로 만들라는 것이다. 정말 피하고 싶은 결과가 있는가? 그렇다면 그 결과를 야기할 만한 행동에 장벽을 세우고 저항을 만들어라. 어떤 변화를 주면 바람직한 효과가 지속할까? 예를 들어 개인의 경우 스마트폰에서 소셜미디어 앱을 제거해 보라. 그러면 스마트폰을 만지작거리면서 이 사이트 저 사이트로 생각 없이 돌아다니느라 귀중한 시간을 낭비하지 않을 것이다. 한 마디로 주변 환경을 목표에, 퓨처 처치에 효과적인 것으로 설정하는 것이다.

무엇보다 목표를 명확하고 단순하게 할 때 퓨처 처치를 체계적으로 시스템화할 수 있다. 절대 하지 말아야 할 일을 효율적으로 하는 것만큼 쓸모없는 일은 없다. 항상 올바른 일을 하는 것, 즉 효과성이 일을 올바르게 하는 것, 즉 효율성보다 먼저여야 한다. 선택적으로 주의를 해서 원하는 모습을 만들어 주는 상황을 만들어야 한다. 그렇게 해서 일상의 주의와 에너지를 원하는 곳에 집중해서 쏟을 수 있는 여유를 가져야 한다. 그래야 정신적·육체적으로 스트레스와 부담을 줄일 수 있고 탈진하지 않는다.

인적 물적 자원을 최대한 활용하라

최적화를 위해서는 작업 환경과 함께 사람을 적절하게 잘 활용해야 한다. 더 원대한 목표를 달성하려면 다양한 업무를 처리해 주는 적절한 사람이 필요하다. 모든 일을 혼자 다 하려고 하면 몰입과 집중이 어렵다. 해야 할 일이 수백 가지나 있기 때문이다. 그러므로 나를 도와주는 헬퍼가 있어야 한다. 큰 교회라면 비서가 있겠지만, 작은 개척교회라도 배우자를 시작으로 한두 명이라도 목사의 덜 중요한 일들을 처리해 주는 동역자가 있어야 한다.

내가 대형교회의 부목사로 있을 때는 젊을 때부터 비서와 직원들 그리고 자원봉사자들이 있어서 웬만한 일은 신경 쓰지 않았다. 그런 생활에 익숙하다 보니 교회를 개척했을 때 많이 당황스러웠고 힘들었다. 작은 규모와 단위에서부터 일이 자동적으로 돌아갈 수 있게 하는 것이 얼마나 중요한지를 절감했다.

물론 혼자서도 많은 일을 잘할 수 있는 사람이 있다. 그러나 많은 선택지를 가질수록 결정 피로(Decision Fatigue)로 이어지며, 결국 후회할 결정을 하게 된다. 너무 많은 선택지를 갖고 있으면 집중과 전념이 어려운 것이다. 무슨 일을 결정할 때는 기회비용을 염두에 두어야 한다. 내가 안 해도 될 일을 해서 정말 해야 할 일이 손해나지 않게 전체 가성비를 높여야 하는 것이다. 퓨처 처치를 명확하고 단순하게 하면 결정 피로, 산만함, 덜 중요한 목표들에서 벗어날 수 있다. 당신의 시간과 주의와 에너지를 가장 중요하고 효율적인 우선순위에 집중할 수 있도록 해야 한다. 그래서 선택적이고 전략적인 무시가 중요하다.

당신이 정한 우선순위 세 가지 외에 다른 일은 중요하지 않다. 세상에서 일어나는 거의 모든 일은 당신의 목표와 상관없거나 덜 중요한 목표다. 목표와 상관없는 사소한 일이 잘못되고 그 실수가 나비효과가 되어 전체 시스템에 막대한 영향을 줄 수 있다.

작은 변화는 예측할 수 없는 방식으로 시스템 전체에 간접적인 변화를 가져온다. 퓨처 처치가 처음에 예상한 것과 상당히 달라지는 이유가 여기에 있다. 그러므로 시스템 사고를 통해 여러 상황이 서로 연관되어 있다는 인식을 해야 한다. 시스템이나 환경이 당신을 바꾼다. 반대로 당신이 시스템과 상황을 바꿀 수도 있다. 불필요한 정보를 차단하고, 다른 사람에게 당신이 원하는 결과를 산출하게 하고, 그 과정을 자동화시킴으로써 그렇게 할 수 있는 것이다.

당신의 교회 시스템에 작은 변화를 도입하라. 그러면 극적인 효과를 얻을 수 있다. 원하는 결과를 자동화하고, 소음과 결정 피로를 차단하는 시스템을 만드는 것은 몰입과 높은 성과를 위해 필수적이다. 물론 아무리 좋은 시스템을 만들더라도 금방 쓸모없어질 수 있다. 교회가 성장하고 발전하면서 목표와 상황도 달라진다. 비전이 확장되고 더 나은 결과를 위해 더욱 전념하게 될 것이다. 그러면 시스템도 개선해야 한다. 개척 초기의 시스템과 백 명 성도의 시스템과 5백 명 성도의 시스템, 그리고 천 명 이상 교회의 시스템은 당연히 달라져야 한다.

퓨처 처치가 되는 5단계는 퓨처 처치를 자동화하고 시스템화하는 것이다. 그러기 위해서 다음 질문에 답을 적어 보라.

1 어떻게 하면 퓨처 처치를 더 효과적으로 시스템화할 수 있을까?
2 결정 피로와 덜 중요한 목표에서 벗어나려면 삶과 사역에서 무엇을 제거해야 할까?
3 어떻게 하면 목회를 단순화할 수 있을까?
4 시간과 정신적·물리적 에너지를 아끼려면 무엇을 차단하고 걸러내야 할까?
5 내 미래와 교회를 위해 전략적으로 자동화할 수 있는 것들은 무엇이 있을까?
6 당신이 재능과 은사가 있는 영역에 집중할 수 있도록 그 외의 일들을 처리해 줄 사람을 어디에서 찾을 수 있을까?
7 퓨처 처치를 위한 투자와 훈련에는 어떤 것들이 필요할까?

신학교만 나와서 목사가 된 사람보다 사회에서 일을 많이 하던 사람이 신학을 하고 목사가 됐을 때 더 목회를 잘한다는 말이 있다. 그 이유는 인적·물적 자원을 조직화하고 시스템화해 본 경험이 있기 때문이다. 특히 사업을 크게 성공시킨 사람이 목회자가 되면 성공적으로 목회할 가능성이 크다. 영성이 탁월하고 성품도 좋은 사람이 게으름 피우지 않고 열심히 하지만 교회가 자라지 않는 경우가 있는데, 그것은 바로 삶과 사역에 자동화와 체계화가 없기 때문일 수 있다. 기업에서 생산이나 마케팅이 최적화되지 않으면 성장할 수 없는 것처럼, 교회도 조직과 전략과 행정이 뒷받침되지 않으면 담임목사부터 탈진하고 다람쥐 쳇바퀴 돌듯 제자리걸음만 할 뿐이다. 퓨처 처치는 전략적으로 최적화된 교회다.

CHAPTER 06

계획 | 일정을 관리하라

6단계는 퓨처 처치의 모든 일정을 목표에 맞게 관리하는 방법에 관한 것으로, 시간 관리가 여기에 속한다. 데릭 시버스(Derek Sivers)는 이렇게 말했다. "내가 볼 때, '바쁘다'고 말하는 사람은 자기 삶을 통제하지 못하는 사람이다." 현대인들이 가장 많이 내뱉는 말이 "바쁘다"와 "피곤하다"일 것이다. 사역자들이야말로 이 두 가지 함정에 빠지기 쉽다. 왜냐하면 너무나도 할 일이 많은데, 시간은 부족하기 때문이다. 충분히 쉬고 휴식함으로 회복과 재충전할 수 있는 여유는 더더욱 없다. 특히 개척한 지 얼마 안 되는 작은 교회는 4, 5단계에서 말하는 '요청하고 위임할 수 있는 인적 자원'이 없어 혼자서 애써야 하기에 더욱 그렇다.

일정표를 만들어 보라. 그러면 당신이 무엇에 우선순위를 두고 있는지, 무엇에 전념하고 있는지를 알게 될 것이다. 대체로 사람들의 일정을 보면 전화, 이메일과 카톡 체크, 회의 등과 같은 시급한 문제를 처리하거나 덜 중요한 목표를 추구하는 일로 가득 차 있다. 현재의 나보다 미래의 나에게 우선순위를 두고 일정을 관리하는 사람은 극히 드물다. 목회자들도 거의 마찬가지다. 문제 있는 성도들을 만나고, 그들의 이야기를 하염없이 들어주고, 예배와 교회 모임을 준비하여 참여하고, 수많은 약속과 회의와 만남에 시간이 늘 부족하다. 새벽기도 때문에 잠이 부족하고, 설교 준비에 쫓기고, 그 결과 체력과 정신력이 방전된다.

시간의 주도권은 나에게 있다

미래의 교회, 퓨처 처치가 되는 여섯 번째 단계는 퓨처 처치를 중심으로 일정을 계획하고 실행하는 것이다. 벤자민 하디에 의하면, 제대로만 한다면 이 6단계 원칙은 생산적인 결과를 열 배 또는 백 배 더 많이 얻을 수 있다. 하디는 그의 또 다른 책 《10배 마인드셋》에서 "10배가 2배보다 쉽다"는 전제하에 얼마든지 시간의 자유를 누릴 수 있다고 주장한다. 정말 중요한 것은 시간이 당신을 지배하는 것이 아니라 당신이 시간을 지배할 수 있다는 것이다. 예수님은 "진리를 알지니 진리가 너희를 자유롭게 하리라"(요 8:32)고 하셨다. 진정한 구원과 성장의 본질은 자유함을 누리는 것이다. 인생에는 네 가지 자유, 즉 시간의 자유, 경제의 자유, 관계의 자유, 그리고 목적의 자유가 필요하다.

그런데 이러한 자유를 누리기 위해서 가장 먼저 시간의 자유를 획득해야 한다. 왜냐하면 모든 일은 시간이라는 제한된 분량 안에서 존재하기 때문이다. 자기가 하고 싶은 일이나 갖고 싶은 어떤 것도 시간, 즉 생명이 없으면 그 자체가 불가능하다. 돈을 잃으면 조금 잃은 것이고, 명예를 잃으면 많이 잃은 것이지만, 건강을 잃으면 모든 것을 잃은 것이라는 말이 있다. 여기서 건강이란 결국 내가 인생을 사는 질적인 시간이다. 이 시간을 어떻게 사용하는지는 결코 숨길 수 없다. 시간은 되돌릴 수도 없다. 당신의 시간은 무엇에 전념하는지 보여 주는 가장 명확한 지표가 된다.

시간의 자유를 얻으려면 먼저 일정에 대한 주도권(ownership)을 가져야 한다. 가장 중요한 일에 최우선순위를 두고, 중요하지 않은 일은 제거해야 한다. 내가 시간의 주인이라고 생각하고 자신이 정말 원하는 곳에 집중하는 것이다. 그래야 퓨처 처치를 실현하는 일이 더 단순해지고 수월해진다. 내 시간을 덜 중요한 목표와 다른 사람의 의견에 좌우되게 내버려 둔다면, 원하는 퓨처 처치가 되기 어렵다. 그러므로 퓨처 처치가 되는 2단계(덜 중요한 목표 제거하기)를 다시 점검하는 것이 시간 관리의 핵심이다.

시간을 이해하는 두 가지 견해가 있다. 하나는 시간을 자기

외부에 있는 요소로 보아 스스로 통제할 수 없다는 견해이고, 또 다른 하나는 시간을 자기 내부에 있는 요소로 보아 온전히 통제할 수 있다는 견해다. 이 두 가지 견해를 뉴턴식 시간과 아인슈타인식 시간으로 설명하기도 한다. 뉴턴식 시간은 시간의 부족을 가정하기 때문에 항상 긴박감이라는 불편한 감정을 느끼게 한다. 반면에 아인슈타인식 시간관은 시간의 근원이 자기 자신이기에 원하는 만큼 시간을 만들 수 있다. 뉴턴의 물리학이 원인과 결과의 관계라면, 아인슈타인의 물리학은 결과를 유발하는 일에 초점을 맞춘다. 당신이 결과를 유발할 때 양자 세계는 생각과 에너지와 행동에 반응한다는 것이다.

즉 당신은 어떤 일의 결과가 아니라 원인이다. 어떤 일의 주도권자는 바로 당신 자신이다. 이 사실을 깨달으면 과거, 현재, 미래의 나에 대한 주도권을 나 스스로가 가지고 키워 나갈 수 있다. 즉 시간을 직선으로 이해하지 않고, 통합적으로 받아들인다. 현재는 물론 과거와 미래까지도 내가 주도해서 얼마든지 해석하고 계획할 수 있는 것이다. 시간의 지배를 받는 것이

**시간의 자유를 얻으려면
먼저 일정에 대한 주도권을 가져야 한다.
가장 중요한 일에 최우선순위를 두고,
중요하지 않은 일은 제거해야 한다.**

아니라 시간을 지배하는 것이다. 시간에 대한 주도권을 얼마나 가질 것인가? 덜 중요한 목표에 '아니오'라고 말할수록 원하는 삶과 결과를 만드는 일에 더욱 열정적으로 전념할 수 있다.

카이로스로 시간을 관리하라

시간 관리의 핵심은 스티븐 코비가 말한 '중요한 것 먼저 하기'의 단순한 원칙을 적용하는 것이다. 나의 스승 조용기 목사는 일평생 남보다 몇 배 더 많은 일을 했다. 똑같은 시간에 상상할 수 없는 결과를 얻는 비결은 목회와 사역에서 가장 중요한 일을 가장 중요한 시간에 먼저 하는 습관을 들인 것이다. 그중에서도 시간을 사용하는 가장 중요한 원칙이 있었는데, 하나님께 먼저 드리는 것이었다. 매일 새벽에 일어나면 기도와 독서에 3시간을 먼저 사용하고, 그 이후에 설교, 심방, 만남, 기타 모든 교회 일에 사용했다. 조용기 목사는 '사람에게 향한 목회'(Ministry Unto People) 이전에 먼저 '하나님을 향한 목회'(Ministry Unto God)를 해야 한다고 했다. 대부분의 큰 사역에 성공한 사역자들은 이렇게 먼저 하나님과의 관계를 우선하는 것이 공통적인 특징이다.

시간의 진정한 주권자이신 하나님께 먼저 시간을 드리면 제한된 시간에 초자연적인 성과를 거둘 수 있게 하신다. 이것은 고대 헬라인들이 시간을 이해한 '크로노스'와 '카이로스'라는 단어로 설명할 수 있다. 크로노스는 직선적 혹은 순차적인 시간 개념이다. 반면 카이로스는 중요한 사건이 발생하는 특정 시간, 탁월한 의미와 가치가 주어지는 시간 개념이다. 크로노스는 양적 개념이고, 카이로스는 질적이며 영구적인 개념이다. '카이로스'라는 단어는 '적절한' 혹은 '완전한'이라는 적기(適期)의 순간을 의미한다. 카이로스는 영적인 시간, 살아 있는 시간이다. 변화가 일어나고 기적이 일어나는 시간이다.

카이로스는 과거 현재 미래를 구분하지 않는다. 전체적이고 유동적이고 변혁적이다. 카이로스 상태에서는 더 높은 수준의 존재감, 연결성, 영감을 활용할 수 있다. 그것은 하나님이 개입하시는 시간, 하나님이 주신 목적에 집중하는 시간이다. 신학자 윌리엄 슈바이커(William Schweiker)는 카이로스를 "우리가 가진 가장 큰 힘을 인류에게 도움이 되는 목적을 위해 사용할 수 있는 순간, 또는 희망과 이상을 실현할 수 있는 순간"이라고 설명했다. 크로노스는 의식이 있건 없건 그냥 지나간다. 그러나 카이로스는 그 순간에 완전히 몰입할 때만 경험할 수 있다. 카이로스에 더 많이 머물수록 몰입과 절정, 경외감과 자아 확장 등의 의미 있는 관계가 깊어진다. 카이로스의 몇몇 순간이 평생의 크로노스보다 당신을 더 발전, 변화시킬 것이다. 카이로스 인생이야말로 진정으로 시간의 자유를 누리는 삶이다.

카이로스 기반 시간 시스템은 최고의 일정 관리 원칙이다.

카이로스를 추구하면 이전에 10년 동안 했던 것들을 하루아침에 이룰 수도 있다. 시간이 느려지고, 더 평온해지고, 지금의 순간에 집중하게 될 것이다. 꿈과 비전을 향해 열 배 더 빠르게 나아갈 수 있기에 시간이 더 많아진다. 바쁨은 크로노스다. 그러나 전진은 카이로스다. 카이로스로 시간을 관리하면 자유와 집중과 전환의 날이 많아질 것이다. 카이로스는 휴식과 회복과 재충전의 시간이다. 풍요로운 삶을 살고 싶다면, 수면과 놀이와 기도를 소중히 여기고, 지위의 상징처럼 취급되는 바쁨과 피로감에서 의식적으로 벗어나야 한다.

나는 자전거를 타거나 수련회, 여행, 독서, 인터뷰 등을 하며 쉼을 얻는다. 첫째, 나는 자전거를 탈 때 행복하고 즐겁다. 새벽기도 후에 자전거를 타면서 나의 퓨처 셀프를 꿈꾼다. 자전거를 타면서부터 스트레스가 사라졌고, 건강해졌으며, 체력이 좋아졌다. 둘째, 목회자들과 함께하는 수련회나 휴식의 시간을 정기적으로 가진다. 특히 교단 지방회나 가정교회 사역원에서 매년 두 차례씩 열리는 컨퍼런스에는 빠지지 않으려고 한다. 2박 3일 정도의 짧은 시간이지만 그 기간의 충전을 통해 6개월 이상 영적으로 지치지 않는 에너지를 얻을 수 있다. 셋째, 기회가 되는 대로 가족 특히 아내와 여행을 자주 하려고 노력한다. 여행은 일상의 분주함과 스트레스를 이기게 하는 신비로운 힘이 있다. 특히 34년째 매년 한미준(한국교회 미래를 준비하는 모임) 동역자들과 함께하는 국내외 여행과 순례의 시간은 그 자체가 배움과 회복의 절정이다. 넷째, 매달 적어도 두 권 이상의 책을 반드시 읽는다. 그냥 읽는 것이 아니라 내용을 요약 정리하며 읽는다. 그리고 그 원고를 녹음해서 유튜브에 '영성책방'(영혼을 성장시키는 책 소개방)이라는 타이틀로 업로드하고 있다. 이런 것들은 일이나 사역이라기보다 나 자신을 좀 더 의미 있고 가치 있게 성장시키는 휴식과 충전과 몰입의 시공(時空)이라고 할 수 있다.

계속 일만 하고 온전한 휴식을 취하지 않으면 몰입, 창의성, 높은 성과는 사실상 불가능하다. 일정에 퓨처 셀프를 반영하는 것이 매우 중요하지만, 그렇게 하는 사람은 극히 드물다. 시급한 문제라는 급한 불을 끄지 않고 그냥 놔두기란 절대 쉽지 않기 때문이다. 시급한 일들은 쉴 새 없이 생긴다. 겉보기에 성공한 사람들 대부분은 여전히 시간이라는 덫에 빠져서 시간에 얽매인다. 시간을 지배하거나 창조하지 못하는 것이다. 시간의 자유를 얻는 출발선은 시간의 주도권을 잡겠다는 결심이다. 그런 결심에서 시작해 지속적으로 일정 관리 방법을 개선해 나갈 때 시간의 자유를 얻고 덜 중요한 목표에 낭비하지 않게 된다.

시간의 주도권을 갖기 위해서는 용기와 전념이 필요하다. 어떤 일이 비효율적이라는 사실을 알면서도 그 일로 바쁘게 지내는 것은 안전지대에 머무는 일이다. 덜 중요한 목표라는 울타리 안에서 분주하게 지내면, 그 당시에는 신나고 재미있을 수 있지만, 퓨처 처치라는 진실에는 도달하지 못한다. 오히려 그런 궁극의 목표가 부담스러워서 안전하고 편한 일에 시간을 보내는 것일지 모른다. 이런 현상을 '저항'이라고 부른다. 미루는 태도가 바로 저항의 대표적인 모습이다. 우리 영혼을 발전시키는 사명이나 행동이 중요할수록 그 일을 하는 데 저항을 더 크게 느끼는 법이다. 퓨처 처치에 전념하려면 용기를 내야 한다. 안정보다 자유를 선택하는 용기, 리스크를 각오하는 용기 말이다.

미루지 말고 경기장에 뛰어들어야 한다. 경기장 밖에서 관전만 하지 말고 싫더라도 경기장 안에 들어가서 경기를 해야 퓨처 처치가 될 수 있다. 경기장 안에 뛰어들면 싸움의 상처를 입는다. 의도적인 연습에는 실패가 따른다. 그러나 그렇게 해야 성장하고 변화하고 성공한다. 퓨처 처치가 되고자 노력하다가 실패하는 것이 현재의 내가 성공하는 것보다 훨씬 낫다.

당신의 일정에는 퓨처 처치가 얼마나 반영되어 있는가? 당신의 일정에는 우선순위가 얼마나 녹아 있는가? 우선순위가 확실한가? 가장 중요한 것을 가장 중요하게 여기겠는가? 먼저 하나님의 나라와 의를 구하겠는가? 그렇다면 이제 실천할 시간이다. 일정을 카이로스로 관리하라. 시간의 주도권을 잡으라. 하나님의 관점에서 시간을 바라보라. 퓨처 처치가 성큼 다가올 것이다.

CHAPTER **07**

실행 | 목표를 완수하고 다음 꿈을 꾸라

퓨처 처치 마지막 7단계는 목표를 정하고 계획하고 실행한 것을 완수하는 것이다. 그리고 더 높은 다음 단계로 올라가는 것이다. 퓨처 처치는 완벽하지 않다. 미래 교회를 꿈꾸지만 그 모습은 시간이 갈수록 달라질 수 있다. 퓨처 처치라는 목표를 이루는 과정에 시행착오가 있을 것이다. 그 시행착오를 통해 수정과 조정을 거쳐 비전이 현실이 되게 해야 한다.

시작했으면 끝을 보라

벤자민 하디는 《퓨처 셀프》에서 꿈을 꾸고 목표를 정했으면 가급적 빨리 실행하고 전념하라고 권면한다. 경기장 안에 들어가라는 것이다. 경기장 밖에 있으면 다른 사람들의 의견과 비난 때문에 정신이 혼란스러워진다. 일단 시작해야 꿈이 이루어진다. 시작이 반이다. 어떻게 해야 할지 분석만 하다가 사고가 마비될 수 있다. 꿈만 꾸다가 아무 것도 못 하는 사람이 얼마나 많은가!

목표를 정해 놓고 아무 것도 하지 않는 것은 경기장 안에 들어가지 않겠다는 말이다. 경기장 안에 들어가지 않으면 당연히 실패다. 아무 것도 하지 않았기 때문이다. 일종의 부전패(不戰敗), 즉 싸우지 않고 지는 것이다. 그러나 경기장 안에 들어가서 실패하는 것은 실패가 아니다. 경기장 안에서 나보다 나은 사람들로부터 많은 것을 배울 수 있기 때문이다. 경기장 안에서 실패를 경험하면 제대로 배울 수 있다. 경기장 안에 있다는 것은 현실에 직면하는 것이다. 경기장 안에 들어가면 더는 현실이 두렵지 않다. 현실이 곧 교사요 스승이 되기 때문이다. 경기장 안에 있다 보면 어느새 내가 퓨처 처치가 되어 현실을 원하는 대로 만들 수 있다.

실행이 답이라는 말이 있다. 현장 교육이라는 말도 있다. 최고의 성공은 생각하고 말하는 것을 실제 행동으로 옮길 때 시작된다. 정체성이 변하면 행동하게 되고, 행동하면 내가 원하는 것을 얻을 수 있다. 퓨처 셀프, 퓨처 처치가 명확하면 내 정체성이 달라지면서 현재의 행동이 미래지향적으로 바뀌게 된다. 그렇게 경기장 안에 들어가고, 실제로 행동하고, 현장에서 치열하게 실패를 경험하면서 점점 더 성공적인 미래의 내가 되는 것이다. 예수님도 제자들을 훈련하실 때 교실에서 하지 않고 직접 삶과 사역의 현장에서 함께 먹고 마시면서 가르치셨다. 그리고 자신을 대신하여 제자들을 각처로 내보내셨다.

일단 시작했으면 끝을 봐야 한다. 일단 제품을 만들었으면 내보내야 한다. '세상에 내보낸다'(shipping)는 개념은 스티브 잡스의 "진정한 예술가는 작품을 일단 끝내고 세상에 내보낸다"라는 말에서 비롯되었다. 설교를 준비했으면 비록 마음에 안 들어도 강단에 올라가서 선포해야 한다. 행사를 준비했으면 흡족하지 않아도 터뜨려야 한다. 성경공부를 했으면 수료해야 한다. 제자 훈련을 했으면 제자의 삶을 흉내라도 내야 한다. 교회를 개척했으면 자립을 향하여 나아가야 한다.

세상에 내보내는 일은 쓴 글을 메일로 보내는 것, 사역팀에 프레젠테이션하는 것, 전화 받고 전화하기, 추천서 보내기, 직분자 임명하기 등이 다 포함된다. 내보내는 일은 당신이 한 일을 일단 세상에 던져 버리는 것이다. 지속적으로 내보내야 최고의 성과를 낼 수 있다. 내보내고 완수하는 일은 당신을 계속 앞으로 나아가게 한다. 그렇게 내보내다가 걸작이 탄생하는 것이다. 백 권의 책을 쓴 작가도 대표작은 두세 개에 불과하다. 피카소가 천 점 이상의 그림을 그렸지만, 우리가 아는 그림은 한두 개에 불과하다. 그렇게 시작한 일을 완수하는 것이 완벽한 것보다 낫다. 어떤 일을 끝내려면 완벽하지 않더라도 사람들에게 보여 줘야 한다. 미완성의 작품을 세상에 내보내야 한다. 세상에 내보내는 기술은 누구도 대체할 수 없는 존재가 되는 가장 핵심적이고 장기적인 방법이다.

성공에 취하지 말고 확장시켜라

퓨처 처치가 되는 마지막 단계는 공격적인 완수(Aggressive Completion)다. 프로젝트나 목표를 완수하라. 완벽하지 않더라도 일관성 있게 완수하라. 안 되는 것, 덜 중요한 것 때문에 너무 애쓰지 마라. 포기할 것은 포기하고, 새로운 것을 시작해서 결과를 만들어라. 진정한 승리자는 포기할 줄도 안다. 아무리 잘한다고 해도 지금의 당신은 엄청나게 제한적이고 무지하다. 지금 해낼 수 있는 일은 미래의 내가 해낼 일에 비하면 기껏해야 조약돌에 불과하다. 하지만 미래의 나는 현재의 나에게 조약돌 만들기를 허락한다는 사실을 기억하라. 퓨처 처치는 현재의 교회와 다르다.

어떤 일에 반드시 성공해야만 한다는 강박관념도 퓨처 처치에 도움이 안 되지만, 조그마한 성공에 자만하는 것도 백해무익하다. '성공병'에 걸리면 반드시 실패한다. 궁극적인 혹은 장기적인 미래를 날마다 바라보고 지속적으로 투자하고 전념하지 않으면 한두 번의 성공으로 끝나고 마는 일이 비일비재하다. 성공하면 교만해진다. 눈앞의 신나는 일과 안전지대에 안주하기가 쉬워지는데, 이를 경계해야 한다. 처음에 설정한 기준을 넘어서도록 노력해야 한다.

내가 개척하자 사람들이 몰려들었다. 몇 년 만에 출석 성도 천 명을 넘기고 헌금이 늘어나더니 급기야 백억 원이 넘는 분당 성전을 구입할 수 있었다. 그러자 초심이 달라졌다. 자신감이 생기더니 하나님께 매달리지 않게 됐다. 점점 기회가 많아졌다. 그러다가 정말 중요한 것을 놓치고 말았다. 영혼을 구원하고 제자를 세우는 본질이 흐려진 것이다. 장애물을 만나 목표에서 멀어지는 것이 아니다. 눈앞에 보이는 덜 중요한 목표를 추구하다가 진정한 목표에서 멀어지는 것이다. 성공하는 것보다 그 성공을 유지하고 확장하는 것이 더 어려운 것 같다. 성공하는 것과 그 성공을 확장하는 것은 다른 차원의 문제다.

한 번의 성공만 맛보고 주저앉는 것을 피하려면 성공할 때마다 퓨처 처치를 더 명확하게 그려야 한다. 성공하면 전에는 신경 쓰지 않았던 문제들이 여기저기서 생기고, 덜 중요한 목표를 이루는 데 급급하게 된다. 정말로 중요한 것이 무엇인지 명확하게 보지 못하면 더 이상 성장과 발전을 기대할 수 없다. 진정한 퓨처 처치가 되기 위해서는 지속적으로 꿈꾸고 목표를 더 크게 세우며 더 겸손해야 한다. 에너지와 집중력을 해치는 쓸데없는 일 99퍼센트를 걸러 내야 한다. 성경에도 두 마음을 품으면 모든 길에서 안정이 없다고 했다(약 1:8).

진정한 성공자는 과거에 실패했다고 슬퍼하고, 현재에 조금 성공했다고 너무 기뻐하지 않는다. 실수해도 기뻐하고 감사해야 한다. 성공해도 교만하지 말고 겸손해야 한다. 그래야 미래가 있다. 과거, 현재, 미래의 나를 비하하고 깎아내리는 일은 아무 가치가 없다. 과거의 나는 현재의 나보다 능력과 경험이 더 제한적이었다. 현재의 나도 미래의 나와 비교한다면 상당한 제약이 있다. 이 사실을 알면 자유로워진다. 믿음이란 어제보다 오늘 더 나아졌고, 오늘보다 내일 더 나아질 것을 아는 것이다. 지속적인 완수를 위해서는 완벽주의를 버려야 한다. 완벽보다 완수가 더 낫다. 완벽주의는 미루는 태도를 낳는다.

 80퍼센트만 해도 결과를 얻는다고 생각하라. 시간이 흐르면 기술이 발전한다. 그러므로 완벽하게 하려고 머무르는 것보다 일단 다음 단계로 나아가는 것이 더 낫다. 현재의 내가 80퍼센트만 해도 과거의 내가 할 수 있었던 수준을 훨씬 넘어서는 것이다. 누구든지 일을 시작할 수는 있다. 그러나 시작한 일을 끝내는 사람은 많지 않다. 더 멀리 갈수록 경쟁은 줄어드는 법이다. 무언가를 하나씩 완수할 때마다 다음 일을 할 수 있는 자신감과 능력을 배우게 된다. 완수하고 내보내는 일의 전문가가 돼라. 그렇지 않으면 퓨처 처치는 현실이 아닌 단순한 이미지로 남게 될 뿐이다. 퓨처 처치는 실행의 결과다!

한 번의 성공만 맛보고 주저앉는 것을 피하려면
성공할 때마다 퓨처 처치를 더 명확하게 그려야 한다.
진정한 퓨처 처치가 되기 위해서는 지속적으로
꿈꾸고 목표를 더 크게 세우며 더 겸손해야 한다.
에너지와 집중력을 해치는
쓸데없는 일 99퍼센트를 걸러내야 한다.

PART 02

퓨처 처치의 원형, 신약교회 이해하기

Part 1에서는 퓨처 처치, 즉 미래 교회는 무엇이며, 그 퓨처 처치를 꿈꾸는 것에 대해서 살펴보았다. 미래 교회는 내 마음속의 교회, 내가 정말 원하는 교회다. 그리고 그 미래 교회는 나만이 아니라 주님도 원하시는 교회여야 한다. 아니, 나 자신보다 먼저 주님이 꿈꾸고 소원하시는 교회여야 한다. 다른 것은 몰라도 교회는 '그리스도의 교회'여야 한다. 주님은 마태복음 16장 18절에서 성경 전체를 통틀어 처음으로 교회라는 말을 하시며 "내가 이 반석 위에 내 교회를 세우리니"라고 하셨다. '내 교회', 즉 '주님의 교회'다.

교회는 인간이 세우지만 그 소유권은 우리 구주 예수님에게 있다. 왜냐하면 교회는 바로 예수 그리스도의 몸이기 때문이다. 그런 면에서 우리가 원하는 퓨처 처치는 예수님이 세우고자 뜻하시는 교회가 되어야 한다. 나는 그 교회를 '신약교회'(the New Testament Church)라고 부른다. 신약교회란 무엇인가? 나는 네 가지로 정의하고자 한다.

첫째, 복음서에서 예수님이 가르치신 교회다. 둘째, 사도행전에 실제로 존재했던 교회다. 셋째, 사도들의 서신에 등장한 교회다. 넷째, 주후 4세기 기독교가 로마제국의 국교로 공인되기 전까지 2백여 년 동안 존재했던 교회다.

하용조 목사는 신약교회를 '사도행전적 교회'라고 했다. 그의 책 《사도행전적 교회를 꿈꾼다》에서 사도행전적 교회가 바로 '그 교회'(the Church)라고 했다. 그 교회는 열 가지 특징을 가진 공동체다. 첫째, 성령으로 충만한 공동체다. 둘째, 예수의 삶을 사는 공동체다. 셋째, 날마다 기적이 일어나는 공동체다. 넷째, 고난 속에서도 복음을 전하는 공동체다. 다섯째, 거룩과 성결과 정직을 추구하는 공동체다. 여섯째, 평신도 리더를 세우는 공동체다. 일곱째, 순교하는 공동체다. 여덟째, 이방인을 품는 공동체다. 아홉째, 땅 끝까지 선교하는 공동체다. 열 번째, 사도행전 29장을 계속 써가는 공동체다. 신약교회의 그림이 그려지는 듯하다.

그렇다면 과연 그러한 신약교회가 지금도 있는가? 아니, 가능한가? 다시 말해 하용조 목사가 말하는 사도행전 29장을 계속 써가는 공동체가 과연 있겠는가? 대답은 '그렇다'이다. 물론 이 세상에 백 퍼센트 완벽하게 성경적인 교회는 없다. 그러나 그러한 교회를 바라보고 나아갈 수는 있다. 최영기 목사는 성경적인 신약교회에 가장 가까운 교회를 '가정교회'라고 했다. 그의 책 《가장 오래된 새 교회, 가정교회》의 제목이 바로 그런 교회를 가리킨다. '가장 오래된 교회'는 신약교회, 사도행전적 교회, 초대교회다. '새 교회'란 그런 성경적 교회를 본질로 삼고 세우며 현존하는 실제적 교회다.

세계는 물론 한국교회 역시 위기 가운데 처해 있다. 폭발적인 교회 성장은 이제 옛 이야기가 되었다. 지난 한 세대 동안 교회가 감소하고 전도가 안 되는 시대가 계속되고 있다. 수많은 진단과 처방이 제시되었지만 백약이 무효다. 결국 해법은 본질로 돌아가는 것이다. 성경으로 돌아가는 것이다. 성경적인 교회가 무엇인지 알아보고, 그 성경적인 교회를 꿈꾸고 세우는 것이다. 스콧 코모드(Scott Cormode)는 성경적이면서도 현실적으로 본질을 구현하는 교회를 '혁신하는 교회'(The Innovative Church)라고 불렀다. 혁신하는 교회는 복음으로 인간의 갈망을 해결하고, 인간의 상실을 회복하는 교회다. 예수님을 따르면서 동시에 삶의 문제도 해결하는 교회라는 것이다.

최영기 목사는 신약교회, 즉 성경적인 교회에서 '성경적'이라는 의미를 단순하게 성경을 따르는 것이라고 정의했다. 즉 성경이 그렇다고 하면 그런 줄 알고, 성경이 아니라고 하면 아닌 줄 알고, 성경이 하라면 하고, 하지 말라고 하면 하지 않는 것이다. 성경적인 교회에 가장 부합하는 형태는 가정교회의 모습이고, 그 내용은 예수님의 사역을 그대로 따르는 것이다. 초대교회는 대부분 가정에서 모여 같이 밥을 먹고 예배하고 기도하고 전도하고 서로를 섬겼다. 목사와 같은 특수 계급이 없었다. 물론 사도들이 지도자로 섬겼지만 교회의 주체는 평범한 그리스도인, 오늘의 평신도였다. 그래서 성경적인 신약교회를 '가정교회'라고 이름붙였다.

중요한 것은 지금의 가정교회 운동이 과연 성경적이냐는 질문이 아니다. 최영기 목사가 《가장 오래된 새 교회, 가정교회》에서 제시한 예화처럼, 주님이 원하셨던 '원형교회'를 그대로 본받는 교회를 추구하는 것이 가장 중요하다.

어느 마을에 편자를 만드는 명장이 있었다. 그가 어느 날 제자에게 편자 하나를 맡기고, 한동안 어디를 다녀올 테니 준 것을 본으로 삼아 백 개의 편자를 만들라고 명했다. 제자는 밤낮없이 땀 흘리면서 편자를 만들었다. 얼마 후 돌아온 스승은 제자가 가지고 온 편자를 보고 당황했다. 왜냐하면 제자의 손에는 자기가 맡긴 것과 전혀 다른 편자들이 들려 있었기 때문이다. 제자는 스승의 본을 보고 편자를 만든 것이 아니라, 자기가 방금 만든 편자를 본따서 다음 것을 만든 것이다. 그래서 스승이 준 원조 편자를 보고 만든 두 번째 편자는 원본과 조금 달랐고, 2호 편자를 보고 만든 3호 편자는 좀 더 달라졌고, 결국 마지막 백 번째 편자는 처음 스승의 것과는 완전히 다른 편자가 되고 말았다.

이 예화가 주는 의미는 매우 강력하다. 예수님이 처음 세우신 원형교회의 모습이 2천 년의 시간이 흐르면서 여러 가지 이론과 관행이 끼어들어 누적되다 보니 본래의 신약교회와 너무나도 동떨어진 교회 모습이 된 것이다. 각 세대가 신약교회를 모델로 보고 교회를 세워 간 것이 아니라, 바로 앞의 선배들이 세운 교회를 따라서 교회를 만들었기 때문이다.

우리의 목표는 4세기 이후 사라진 주님이 원하셨던 신약교회의 모습을 꿈꾸고 세우는 것이다. 앞에서 말한 것처럼, 그런 교회의 가장 근사치가 지금 일어나고 있는 가정교회라고 생각한다. 물론 성경에 대한 접근은 다양성과 유동성과 신축성을 필요로 한다. "신약교회는 이런 것이다"라고 독선적 혹은 절대적으로 말한다면 그것은 받아들일 수 없다. 신약의 교회는 천편일률적으로 똑같은 형태가 아니다. 이미 신약의 교회는 그 당시에 다양한 형태로 등장했기 때문이다. 시간과 공간이 전혀 다른 지금 이 시대에는 성경이라는 텍스트와 함께 현 시대라는 컨텍스트(상황)와 조화를 이루어야 한다.

신약교회를 회복하기 위해서 가장 중요한 것은 신약교회의 정신(spirit, mind)을 먼저 회복하는 것이다. 예수님이 '내 교회'를 세우겠다고 하신 약속에 근거해 "모든 민족을 제자로 삼으라"는 대사명을 수행하는 가운데 성령의 인도하심에 따라 상황에 맞게 세워져야 한다. 그러기 위해서는 어떤 틀에 고정되어서는 안 된다. 끊임없이 주님이 원하시는 교회의 모습인지 성경에 비추어 성찰하고, 잘못된 것을 수정하고, 미흡하면 보강하겠다는 자세가 있어야 한다. 성경에 기록된 모습과 가장 가까운 교회가 되도록 버릴 것과 보충할 것을 성경의 기준을 따라 살펴야 하는 것이다.

Part 2에서는 최영기 목사의 가정교회 이론을 중심으로 우리가 퓨처 처치로 꿈꾸어야 할 신약교회는 무엇인지 소개하고자 한다. 꼭 가정교회가 아니더라도 얼마든지 성경적이면서도 실제적인 건강한 교회가 있다고 본다. 그런 교회를 발굴하고, 더욱더 성경적인 교회, 실제적으로 영혼을 구원하고 예수님의 제자를 세우고 세상을 변혁시키는 좋은 교회를 많이 세우고 성장시키는 것이 나의 간절한 소원이다. 과연 신약교회란 어떤 교회인가?

CHAPTER 01

성경적 교회론과 목회철학이 있는 교회

신약교회 운동에서 가장 중요한 것은 교회론과 목회철학이다. 교회란 과연 무엇인가? 목회란 과연 무엇인가? 이 두 가지 정체성에 기독 교회의 목적과 성패가 달려 있다. 목사가 교회를 세울 때, 성도가 교회를 다닐 때 성경적인 교회론과 목회철학은 절대적이다. 교회론과 목회철학이 잘못되면 교회 자체는 물론, 성도의 교회 생활 전체가 잘못된 방향으로 갈 수 있다. 항상 정의(定義) 혹은 정체가 나머지 모든 것을 결정한다. 올바른 정체가 올바른 목적을 결정하고, 올바른 목적이 올바른 행동을 결정하며, 올바른 행동이 올바른 결과를 낳는다.

진정한 교회는 무엇인가

우선 교회가 무엇인지부터 살펴보자. 교회는 건물이나 조직, 모임이 아니라는 것은 상식이다. 그것을 포함하지만, 그것 이상이다. 교회에 대한 여러 가지 성경적 정의가 있지만 딱 두 가지로 압축하고자 한다.

첫째, 교회는 '그리스도의 몸'이다(엡 1:23). 보이지 않는 예수님의 보이는 몸이 교회다. 예수님은 승천하셔서 지금 우리 눈에 보이지 않지만, 그의 몸인 교회를 통해 여전히 우리 가운데 계신다. 그런 점에서 교회는 제2의 성육신이라고 할 수 있다. 2천 년 전에 이 땅에 몸을 입고 오신 예수님은 성령을 통해 다시 교회라는 몸으로서 우리 가운데 오셔서 함께하신다. 교회가 그리스도의 몸이라는 교회론은 교회가 하는 일, 즉 목회가 무엇인지를 정의해 준다. 예수님이 2천 년 전 이 땅에 오셔서 하신 사역을 그대로 하는 것이 바로 교회가 할 일, 즉 목회다.

둘째, 교회는 '하나님의 가족'이다. 예수님은 "누구든지 하늘에 계신 내 아버지의 뜻대로 하는 자가 내 형제요 자매요 어머니이니라"(마 12:50)라고 하셨다. 예수님은 자기를 믿고 따르는 자를 하나님의 가족이라고 하셨고, 그것이 바로 주님이 원하신 성경적 교회의 모습이다. 보통 교회를 공동체라고 표현하는데, 정서적으로 마음이 닿는 직관적 용어는 역시 가족이다. 교회는 영적 가족 공동체다. 그래서 바울도 에베소서 2장 19절에서 "그러므로 이제부터 너희는 외인도 아니요 나그네도 아니요 오직 성도들과 동일한 시민이요 하나님의 권속이라"고 한 것이다. 실제로 사도행전이나 서신에 나와 있는 교회는 그 형태나 본질이 육신의 가족 이상의 가족이었다. 예수를 믿고 영혼이 구원되면 하나님의 자녀, 즉 가족이 된다.

이 두 가지 교회론은 교회의 신비를 말해 준다. 교회가 그리스도의 몸이라는 말은 교회가 바로 하나님이신 예수님이라는 뜻이다. 또한 교회가 가족이라는 말은 하나님의 자녀인 우리가 바로 교회라는 뜻이다. 마치 예수님이 신성과 인성을 가지신 것처럼, 교회도 신적인 요소와 인간적인 요소를 모두 포함한다. 사람들로 구성된 지상교회지만 그 안에 하나님의 임재와 활동이 있는 우주론적 구조다. 이런 교회 이해가 확실할 때 인간이 낼 수 있는 노력 이상의 성령님의 역사를 기대하게 된다. 교회에서 사랑과 섬김이라는 자연적 요소 외에 기도와 기적 같은 하나님의 초자연적 개입이 함께해야 교회다운 교회가 될 수 있다.

목회 철학을 분명히 하라

교회가 예수님의 몸이라는 것과 하나님의 가족이라는 교회론이 확립되면 그 교회론에 따라 교회가 하는 일, 즉 사역 또는 목회가 무엇이 되어야 할지 결정된다.

첫째, 교회는 예수님의 몸이기 때문에 예수님이 나타나셔야 한다. 교회가 확실하게 예수님의 몸이 되면 사람들이 예수님을 볼 수 있게 된다. 세상 사람들, 특히 비신자가 예수를 믿는 길은 예수님의 몸인 교회를 통해서만 가능하다. 교회가 예수님의 몸이 된다는 것은 교회가 예수님이 하신 일을 해야 한다는 말이다.

예수님이 하신 일은 마태복음 4장 23절에 잘 요약되어 있다.

"예수께서 온 갈릴리에 두루 다니사 그들의 회당에서 가르치시며 천국 복음을 전파하시며 백성 중의 모든 병과 약한 것을 고치시니"

예수님이 하신 일은 가르치시는 양육, 전파하시는 전도, 그리고 병자와 귀신 들린 자를 고치신 치유 사역이었다. 오늘의 교회도 예수님이 하신 이 세 가지 사역에 집중해야 한다. 교회에서 가장 중요한 일이 예배라고 하지만, 사실 예배는 모여서 잠시 드리는 의식 이상의 삶이 되어야 한다. 신약교회, 즉 예수님의 사역에 의하면, 교회가 해야 할 가장 중요한 일은 비신자를 전도하고, 제자로 양육하고, 그 모든 사람을 치유하고 변화시켜 주님이 원하시는 행복한 인생이 되게 하는 것이다. 여기에 모든 초점을 맞추어 교회를 세우고 목회한다면 지금도 성경적인 신약교회는 얼마든지 가능할 것이다.

그런데 현실적으로 우리는 예수님이 하신 사역에 집중하기보다 다른 것에 더 에너지를 쏟고 있다. 나도 교회를 개척하고 목회했지만 이 세 가지 사역에 집중하지 못하고 너무 분주하고 복잡한 목회를 했다. 우선 건물을 얻고 관리하는 일, 예배를 준비하고 설교하는 일, 각종 기도회와 성경공부 모임을 인도하는 일, 성도들의 필요를 따라 여러 가지 행사와 심방과 일을 벌이는 일 등으로 분주했다. 물론 그 모든 활동이 전도와 양육과 치유를 목적으로 한다고 했지만, 실제로는 예수님이 원하셨던 집중과 결과가 미미했다. 퓨처 처치를 이루는 1단계에서 언급했던 우선순위 세 가지에 좀 더 집중하지 못한 것이다. 그 결과 열심히 일은 했는데 열매와 보람이 미치지 못했다.

둘째, 하나님의 가족이라는 개념은 사랑하고 섬기는 공동운명체로서 서로의 필요를 채워 주는 목회철학을 가능하게 한다. 세상과 구별된 하나님의 자녀들이 교회라는 울타리 안에서 참된 공동체를 이루는 것이다. 그런데 하나님의 가족이라는 교회 개념에서 더 중요한 것은 아버지이신 하나님의 뜻을 이루어야 한다는 것이다. 다시 말해 진정한 목회란 인간의 필요를 채우기 전에 하나님의 소원과 주님의 명령을 이루는 것이 되어야 한다. 하나님의 가장 큰 소원은 무엇인가? 이 세상 모든 사람이 구원받는 것이다(딤전 2:4). 예수님의 가장 큰 지상명령은 무엇인가? 모든 민족으로 제자를 삼는 것이다(마 28:19-20).

즉 신약교회의 목회철학은 두 가지로 요약된다. 영혼을 구원하고 제자를 만드는 것이다. 목회란 무엇인가? 주님이 원하시는 곳에서, 주님이 원하시는 일을, 주님이 원하시는 방법으로 사역하는 것이다. 그것이 신약교회 목회철학의 핵심이요 본질이다. 주님이 원하시는 일은 영혼 구원이고, 주님이 원하시는 방법은 제자를 삼는 것이며, 주님이 원하시는 소원은 제자가 성령의 능력을 의지하는 것이다.

교회론은 목회의 내용과 방식을 결정한다. 신약교회가 퓨처 처치가 되기 위해서는 본질인 교회론과 목회철학이 명확해야 한다. 한마디로 예수님처럼 일하는 것이고, 예수님을 닮아 가는 것이다. 그럴 때 교회가 예수를 세상에 드러내 보이고, 성도가 예수님을 나타낼 수 있다.

신약교회는 이렇게 철저하게 예수 중심의 교회다. 그런 궁극의 목적을 마음에 그림 그리되 각 교회와 목회자에게 주님이 주신 퓨처 처치를 목표로 정하라. 그 목표를 Part 1에서 말한 '퓨처 처치를 이루는 7단계'를 따라 세워 나가라.

교회가 그리스도의 몸이요 하나님의 가족이라는 것이 분명해야 한다. 목회는 예수님의 일을 그대로 하는 것이요, 영혼을 구원하여 하나님의 가족을 만드는 것이다. 이와 같이 성경적인 교회론과 목회철학이 분명하다면 어떤 형태의 교회가 되든 건강한 신약교회가 될 것이다. 퓨처 처치는 신약교회다. 퓨처 처치는 예수님과 같은 교회다. 예수님이 이 땅에 오신 목적, 즉 영혼을 구원하는 교회다.

CHAPTER 02

영혼을 구원하고 제자를 세우는 교회

　　신약교회의 두 번째 자화상은 '영혼을 구원하는 교회, 제자를 세우는 교회'다. 영혼 구원은 하나님의 가장 강력한 뜻이다. 하나님은 영혼 구원을 위해서 예수님을 이 땅에 보내셨다. 예수님은 공생애 동안 영혼 구원을 위해 전도하셨고, 구원을 위해 십자가에서 죽으시고 부활하셨다. 그리고 승천하기 전에 제자들에게 영혼 구원의 사명을 부어 주셨다. 예수님은 영혼 구원을 위해 제자들에게 교회를 세우라고 하셨고, 제자들은 주님의 소원과 명령대로 예루살렘에서 땅 끝까지 교회를 개척하고 성장시켰다. 교회를 세우기 위해 성령님이 오셨다. 이처럼 신약교회는 본질과 존재 목적이 영혼 구원이다.

교회 성장의 핵심은 크기 아닌 회심

예수님의 마지막 유언은 모든 영혼을 구원하라는 명령이었다. 영혼을 구원하라는 것은 다른 말로 제자를 만드는 것이다. 영혼 구원의 수단이 제자 훈련이라기보다 제자 훈련 자체가 온전한 영혼 구원이다. 구원에는 죄사함뿐 아니라 예수님의 제자, 즉 타락하기 전 온전한 하나님의 형상을 회복하는 것이 포함되어 있기 때문이다. 예수의 제자가 되는 것은 예수님처럼 되는 것, 즉 온전한 하나님의 형상과 모양으로 재창조되는 것이다. 예수님이 대위임령으로 주신 말씀인 "… 가서… 제자로 삼아… 세례를 베풀고"(마 28:19)는 제자 삼는 방법으로서 '영혼 구원'이라는 표현으로 집약할 수 있다.

신약교회는 이렇게 교회 존재 목적을 '영혼을 구원하여 제자 만드는 것'에 두고 있다. 비신자를 전도하여 구원하고, 이들을 다른 비신자를 전도하는 제자로 훈련하는 것이다. 어떤 교회에서는 영혼 구원은 일어나는데 제자가 만들어지지 않는다. 또 다른 교회는 제자는 만들어지는데 비신자 전도가 안 된다. 신약교회는 이 두 가지, 즉 비신자를 전도하는 것과 신자를 제자로 만드는 것을 교회의 가장 중요한 목적으로 삼는다. 신약교회는 모든 기준이 영혼 구원과 제자 육성에 있다. 영혼을 구원하여 제자 만드는 데 도움이 되는가의 여부에 따라 모든 일이 결정된다. 현재 이 땅의 교회들이 문제가 많고 건강하지 못한 이유는 바로 교회 존재 목적이 분명하지 않기 때문이다.

신약교회는 성경적이고 건강한가의 기준이 교회 크기가 되어서는 안 된다. 교회가 작든 크든 존재 목적을 얼마나 이루느냐가 중요하다. 영혼을 구원하여 제자 만드는 목적을 달성하는 데 적합한 크기가 좋은 교회다. 교회 분립이든 건축이든 연합이든 모든 교회 이슈는 영혼 구원과 제자 양성에 도움이 되면 좋은 것이고, 그 목적에 어긋나면 나쁜 것이라고 할 수 있다. 교회 성장이나 부흥도 영혼 구원의 결과라면 하나님이 기뻐하실 일이다. 원래 교회 성장이나 부흥의 의미도 사실 영혼 구원, 즉 전도와 양육이 잘 된다는 의미다.

예를 들어 현대교회 성장 운동의 아버지라고 하는 도널드 맥가브란(Donald McGavran)의 마지막 책 제목은 "*Church Growth as Evangelism*"이다. 교회 성장은 곧 전도라는 의미다. 규모가 커지는 것을 교회 성장이라 하지 않는다. 새로운 영혼이 늘어나서 교회가 자라는 것이 성장이다. 그런 의미에서 신약교회의 성장은 다른 교회 교인들이 들어오는 수평 이동을 거부한다. 예수를 알지 못하는 비신자가 예수를 영접하여 교회로 들어오는 회심 성장(Conversion Growth)을 추구한다. 회심 성장으로 성장하는 교회라면 클수록 좋다. 아무리 작고 수준이 높은 교회라도 회심이 일어나지 않으면 건강한 교회, 성경적인 신약교회라고 할 수 없다.

신약교회에서 가장 중요한 사람은 목사도 중직자도, 일반

신자, 심지어 초신자도 아니다. 가장 중요한 사람은 교회 밖에 있는 사람, 예수 믿지 않는 사람이다. 그들을 구원하기 위해 예수님이 세상에 오셨고, 교회를 세우셨기 때문이다. 신약교회의 초점과 시선은 항상 비신자에 가 있어야 한다. 오늘날 한국교회가 퓨처 처치가 되기 위해서는 이런 비신자의 회심에 전념하고 집중해야 한다. 아직 구원받지 못한 절대 다수의 비신자를 위해 존재하는 교회가 바로 퓨처 처치요 신약교회다.

퓨처 처치는 비신자뿐 아니라 교회 밖에 있는 또 다른 그룹, 즉 가나안 성도 혹은 영적 냉담자들도 목회의 대상으로 삼아야 한다. 교회는 떠났지만, 아직 하나님은 떠나지 않은 플로팅 크리스천(Floating Christian, 부평초처럼 떠다니는 신자), 혹은 재타락자들을 집중 공략해야 한다. 현재 예수 믿고 교회를 다니다가 떠난 사람들의 수가 매주 출석하는 신자 수와 거의 맞먹는 수준이 되었다. 이들을 통해 교회가 성장하는 것을 회복성장(Recovery Growth)이라고 할 수 있다. 그뿐 아니라 교회는 다니고 있지만 아직 제자나 교회 일꾼이 되지 못한 자들이 와서 예수님을 닮은 사역자가 되게 하는 회동 성장(Descipleship Growth)에도 관심을 가져야 한다. 회동(會同)은 참된 교회에서 사역하고 싶은 준비된 일꾼을 하나님이 보내 주심으로써 목사와 동역한다는 개념이다. 신약적인 퓨처 처치는 회심, 회복, 회동 성장을 목표로 하는 교회다.

전도하고 영접시키고 세례를 주라

영혼을 구원하고 제자 삼는 교회가 되기 위해서는 담임목사부터 전도에 전력을 기울여야 한다. 교회가 영혼 구원에 소극적인 가장 큰 이유는 목사가 영혼 구원에 진심이 아니기 때문이다. 목사가 영혼 구원에 적극적이지 않은 가장 큰 이유는 두려움과 무지 때문이다. 전도에 경험이 없고 전도 훈련과 실습이 없는 무지 때문에 전도하지 않는 목사가 된 것이다. 그러므로 교회를 개척하기 전에 혹은 목사가 되기 전에 전도의 열정과 경험과 훈련이 확실할수록 신약교회가 될 가능성이 높아진다.

제일 좋은 것은 신학교에 가기 전, 목사가 되기 전에 평신도로서 전도의 풍성한 경험과 열매를 가지는 것이다. 소그룹에서 직접 비신자를 전도해서 회심시키고 제자로 세워 자신이 하던 사역을 맡길 정도로 키워 보는 것도 좋은 방법이다. 이런 경험이 많을수록 목회에 성공할 수 있고, 신약적인 퓨처 처치를 세울 수 있다. 앞으로는 신학교를 나오거나 큰 교회 부목사 경험만으로는 신약교회를 세우기 어려울 것이다. 영혼 구원에 대한 확신과 함께 실제로 전도의 욕구와 능력을 갖춘 목회자에게 경쟁력이 있는 시대다. 목표가 분명하고 정체가 확실하며 무엇을 어떻게 해야 할지 정확히 알고 전념하는 자에게는 그 어느 때보다 신약교회를 세울 가능성이 큰 시대이기도 하다.

이제 목회의 방향을 관리 목회가 아니라 전도 목회로 바꾸어야 한다. 목사가 직접 전도를 실천하고 성도들에게도 확실히 전도하게 하는 목회가 되어야 한다. 교회의 건강도도 단순한 교인 수의 증가보다 한 해 동안 비신자에게 얼마나 세례를 주었는가 하는 세례 비율로 평가되어야 한다. 남다르게 급성장하여 대형교회가 되는 것은 여전히 하나님의 은혜요 섭리다. 그러나 비록 규모가 작아도 교인 대다수가 순수하게 전도를 통해 출석하는 성도로 이루어진 교회라면 건강한 교회다. 그런 건강한 신약교회를 평생 목회의 목표로 정하는 교회가 많아질 때 한국교회 전체가 회복될 것이다. 한 교회의 비대가 아니라 건강한 중소형 교회가 많이 개척되고 재생산되는 것이 진정한 교회 성장이다. 그렇게 되는 것이 우리 모두의 신약적 퓨처 처치 비전이 되어야 한다.

건강한 신약적 퓨처 처치가 되기 위해서는 전도해서 예수를 영접시키는 것과 세례(침례)를 주는 것이 교회의 가장 중요한 일이 되어야 한다. 나는 목사가 되기 전 대학 시절에 네비게이토 선교회에서 훈련을 받았다. 네비게이토 선교회의 존재 목적은 정확하게 복음을 소개해서 예수님을 영접시키고, 그 후에

**건강한 중소형 교회가 많이 개척되고
재생산되는 것이 진정한 교회 성장이다.**

는 성경 공부를 통해 제자와 사역자로 키워 세계를 복음화하는 것이었다. 부목사로 있던 교회에서는 예배 때마다 간단하지만 예수님을 믿기로 작정한 이들을 일으켜서 영접 기도를 따라하게 함으로 회심의 시간을 가졌다. 개척 이후에도 나는 그 방식을 따랐지만 매우 소극적인 방식이었을 뿐이다.

그 후 가정교회로 전환하면서 예수 영접과 예배 때 세례식의 중요성에 비로소 눈뜨게 되었다. 가정교회에서는 목장을 통해 혹은 개인 전도를 통해 관계를 맺은 사람들에게 복음을 전하여 예수를 영접시키는 '예수 영접 모임'이 있다. 한 시간 이상 말씀을 함께 읽으면서 예수 그리스도의 복음을 전한다. 그 전에 영접 대상자에게 "오늘 죽으면 천국에 갈 수 있다고 생각하는가?"를 묻는다. 그 대답에 대한 이유도 들어 본다. 복음을 전하고 대상자가 예수를 영접한 후에 다시 같은 질문을 해서 구원의 확신을 점검한다. 수십 차례 예수 영접 모임을 인도하면서 정확하게 영혼을 구원하는 일이 목회에 얼마나 중요한지, 그리고 복음의 능력이 얼마나 위대한지를 실감하곤 했다.

그렇게 예수를 구주와 주님으로 영접한 사람을 교육시킨 후에 세례를 준다. 세례식은 반드시 예배 시간에 집례한다. 왜냐하면 모든 성도가 누가 어떻게 예수를 믿게 되었는지를 알게 하기 위함이다. 그리고 영적으로 한 생명이 구원을 받아 다시 태어난 감격을 모든 성도와 공유하기 위함이다. 세례자는 믿음으로 구원받았음을 고백하고 세례 간증을 나눈다. 그렇게 이

중 삼중으로 예수가 구주요 주님이심을 확인하면서 영혼을 구원하기 때문에 그 과정을 제대로 밟은 사람들은 거의 예외없이 충성스러운 교인이 될 수 있다. 이미 예수님을 영접하고, 세례를 받기 전에 목장 등에서 적지 않은 기간 동안 친밀한 관계를 맺었기 때문에 더욱 더 교회를 쉽게 떠나지 않는다. 더군다나 다른 교회 경험이 없는 순수한 비신자가 예수를 영접하고 세례를 받기 때문에 더욱 교회에 남아 있을 확률이 크다. 그런 성경적 신약교회가 당신이 꿈꾸는 퓨처 처치이기를 바란다.

예수님의 방식을 배우고 전수하라

신약교회는 이렇게 영혼을 확실하게 구원할 뿐 아니라 구원받은 새신자를 제자로 키우는 교회다. 신약교회 제자 훈련은 예수님이 하신 방식을 그대로 따른다. 마가복음 3장 14-15절에 보면 예수님은 열두 명의 제자를 부르신 후에 자기와 함께 있게 하시고 그들을 내보내어 전도하고 귀신을 쫓게 하심으로 훈련시키셨다. 즉 지식을 전달하는 것이 아니라 실제적인 능력을 길러 주셨다. 복음을 현장에서 전하게 하셨다. 강의실이 아니라 삶의 현장에서 실습 위주의 훈련을 시키신 것이다. 제자들은 예수님과 함께 있으면서 예수님을 본받았을 뿐 아니라, 스스로 현장에서 실력을 쌓을 수 있었다.

예수님의 제자 훈련 방식은 지식 전달보다는 능력 배양, 교실 교육보다는 현장 실습, 말로 가르치기보다는 행동으로 보여 주어 제자를 만드는 방식이다. 오늘날로 말하면 목장 같은 소그룹 현장에서 같이 밥을 먹고 삶을 나누고 인생 문제로 씨름하고 서로 기도하고 배우는 것이다. 목장의 리더들이 섬기고 희생하는 모습을 보면서 자연스럽게 초신자들이 그리스도인의 삶, 제자의 삶을 배우는 것이다. 예수님의 제자들이 예수님과 함께 있으면서 삶과 사역을 배운 것처럼 말이다. 예수님의 영성은 시장 영성이다. 치열하게 싸우면서 사는 삶의 현장에서 예수님은 사역하셨고, 제자를 키우셨다. 오늘의 퓨처 처치는 현장 중심의 제자 훈련이 있는 교회다.

제자는 배우는 사람이면서 동시에 전수하는 자다. 제자는 예수님에게서 배운 두 가지, 예수님의 사역과 성품을 배우고 전수한다. 예수님은 승천하시면서 성령님을 약속하셨다. 우리가 예수 믿고 성령 받으면 예수님이 제자를 훈련하신 것처럼 성령께서 우리를 제자로 만드신다. 성령을 받으면 예수님의 성품을 닮고, 예수님의 사역을 흉내 낸다. 성령님은 예수님을 닮아 가고 싶은 욕구를 주시고 능력도 주신다. 성령 충만이란 곧 예수 충만이다. 제자가 된다는 것은 예수처럼 살고 사역하는 것이다. 신약적인 퓨처 처치는 예수님처럼 영혼을 구원하고 제자를 세우는 교회다.

CHAPTER 03

진정한 가족 공동체가 되는 교회

신약교회 세 번째 자화상은 가족으로서의 교회, 공동체로서의 교회다. 교회는 본질적으로 조직체 이전에 생명체, 더 정확히 말하면 생명 공동체다. 교회가 예수님의 몸이라는 점과 교회는 사람들의 모임이라는 면에서도 그렇다. 교회는 가족 공동체다. 신약교회 원형인 예수님과 그의 제자들은 가족 공동체로 생활했다. 예수님과 제자들은 함께 먹고 자고 가르치고 배우면서 진정한 공동체가 되었다. 사도행전의 초대교회야말로 함께 모여 예배드리고 교제하고 먹고 물건을 통용하는 '가족 이상의 가족'이었다. 신약교회는 교회를 다니는 것이 아니라 교회 자체였다(행 2, 4장). 남녀노소, 빈부귀천 없이 함께 삶을 나누는 하나님의 영적 가족이었다.

교회 공동체는 밥상 공동체

　신약적 퓨처 처치가 되기 위해서는 교회의 본질 중 하나인 공동체가 되어야 한다. 오늘 현대 교회가 가족 이상의 공동체가 되는 길은 무엇일까? 공동체를 가장 확실하게 경험하는 소그룹인 구역 혹은 목장을 통해서다. 여의도순복음교회가 세계에서 가장 큰 교회이면서도 공동체 의식이 강한 이유는 구역을 통해서 가족 이상의 가족을 경험하기 때문이다. 수십만 명의 전성도가 대부분 구역에 속해 있다. 교구장의 지도를 받는 구역장이 십여 명의 구역 식구들을 실질적으로 목양한다. 매주 모여 함께 밥을 먹고 예배와 기도와 나눔과 전도에 전념한다. 말 그대로 웬만한 삶의 필요가 구역에서 채워지고, 힘든 문제가 구역에서 해결되고, 질병과 스트레스와 귀신 들림도 구역에서 일차적으로 치유된다.

　전도도 구역을 통해서 대부분 이루어진다. 제자 양육도 구역에서 보고 배우는 방식으로 행해진다. 구역장이 하는 모든 섬김을 그대로 따라하다 보면 자기도 모르는 사이에 구역장이 된다. 가장 활발하게 성장할 때는 비신자가 예수 믿은 지 1년도 안 되어 구역장이 되기도 한다. 잠깐 교회 와서 교육받는 정도가 아니라, 일주일 내내 구역원들과 함께 삶을 나누면서 전념한 결과다. 앞에서 말한 예수님의 훈련 방식으로 제자 훈련이 실행된 것이다. 그 비슷한 모습과 결과가 현재 가정교회의 목장 공

═══════════════════════════

**교회 공동체는 밥상 공동체다.
하나님의 가족에게 식탁은 신앙과 생활의 중심이다.**

═══════════════════════════

동체에서 일어나고 있다.

공동체가 되는 가장 단순하면서도 효과적인 방식은 함께 밥을 먹는 것이다. 신약교회는 함께 밥을 먹는 공동체였다. 복음은 식탁과 밀접한 관계가 있다. 성경에서 먹는 이야기를 빼면 두께가 무척 얇아질 것이다. 구약에서도 하나님 나라는 풍성한 잔치로 묘사되었다. 예수님의 사역에서도 식탁은 중요했다. 예수님은 잔치와 식사 자리에서 사람들을 사랑하고 가르치시고 필요를 채워 주셨다. 예수님은 식사 자리를 좋아하셨다. 그것 때문에 비난도 받으셨다.

그러나 주님의 가장 중요한 사역은 먹는 자리에서 행해졌다. 죽음을 위한 최후의 만찬도, 부활 후 나타나심도 모두 식탁의 자리에서였다. 식탁은 단지 먹는 자리 이상이다. 말 그대로 식구, 가족이 되는 자리다. 하나님의 사랑과 은혜를 나누는 자리다. 하나님의 가족이 되는 자리다.

교회 공동체는 밥상 공동체다. 하나님의 가족에게 식탁은 신앙과 생활의 중심이다. 신약교회는 집집마다 다니며 음식과 떡을 떼어 먹으면서 예배하고 교제했다. 식탁 교제와 섬김이 중요했기에 교회 지도자들을 선출할 때는 손님 대접을 잘하는 사람을 뽑았다.

성찬과 애찬은 그리스도 안에서 한 가족이 되었음을 선포하고, 장차 누릴 천국의 기쁨을 미리 맛보는 자리였다. 같이 밥을 먹으면서 서로 사랑을 나눌 때 하나님의 임재가 임하고, 가족으로 하나 될 수 있었다. 진짜 가족은 함께 밥을 먹는다. 교회와 목장 식구들은 바로 가족 공동체다.

신약적 퓨처 처치는 함께 밥을 먹는 공동체가 되어야 한다. 식탁에서 함께 밥을 먹는 것은 서로를 환대함으로 마음의 벽을 허물게 한다. 식탁 중심의 환대는 내부인과 외부인의 경계를 허문다. 신자뿐 아니라 비신자도 큰 부담 없이 함께할 수 있는 자리가 식탁이다. 오늘도 함께 밥을 먹는 작은 공동체가 실제로 교회에 존재해야 한다. 큰 교회는 구역이나 목장의 형태로, 작은 교회는 전교인이 함께 밥을 먹으며 서로를 격려하는 공동체가 되어야 한다. 식탁은 참 교제, 사귐, 섬김, 치유, 배움이 있는 공동체를 가능케 한다.

내 아픔을 드러낼 수 있는 공동체

가족 공동체는 진정한 사귐을 가능케 한다. 진정한 사귐은 솔직한 모습을 서로 보여 줌으로써 시작된다. 진정한 공동체는 자기 노출이 필수다. 담임목사부터 솔직하게 자신을 보여 줄 수 있어야 한다. 그러한 자기 노출은 목장과 같은 가족 공동체에서 가능하다. 교인들 가운데에는 문제를 안고 사는 사람들이 많다. 결손가정 출신도 많고 마음속 깊은 곳에 자기만의 상처를 가진 사람도 많다. 단지 겉으로 내보이지 않을 뿐이다. 이런 사람들이 치유 받기 위해서는 자신의 치부를 드러내야 한다. 그렇게 할 수 있는 자리가 바로 구역이나 목장 같은 소규모의 가족 공동체이다.

최영기 목사는 우리가 회복해야 할 신약교회는 두 가지 공동체라고 주장한다. 첫째, 모든 민족으로 제자 삼으라는 전도 명령을 이루는 사명 공동체가 되어야 한다. 둘째, 예수님의 삶을 닮아 가는 치유 공동체가 되어야 한다. 사명과 치유, 이 두 가지가 이루어져야 하는 곳이 신약교회다. 지금까지 선교 단체는 사명만을, 일반 교회는 치유만을 강조해 온 면이 강했다. 그러나 진정한 신약적 퓨처 처치가 되려면 이 두 가지가 함께 가는 공동체가 되어야 한다. 사명과 치유의 기준과 목표는 예수님이다. 예수님의 사역을 닮아 가는 것이 사명이고, 예수님의 성품을 닮아 가는 것이 치유다. 진정한 신약교회는 사명 공동체이자 동시에 치유 공동체이다.

내가 섬기는 교회를 신약교회로 전환하면서 소그룹 공동체인 목장을 강화하자 확실히 현대교회에서도 공동체를 경험하고, 공동체로 살 수 있는 가능성을 볼 수 있었다. 모든 교인을 작은 공동체인 목장에 소속하게 하고 매주 금요일 저녁에 목장 모임을 가지게 했다. 그전에는 주일예배와 교회 중심의 프로그램이 대부분이었기에 전 교인이 공동체에 참여하기가 어려웠다. 물론 구역이 있었지만, 대부분의 여성들이 평일 낮에 모여서 주로 예배 중심의 모임을 가졌다. 그러나 목장을 강화하자, 남자와 여자와 자녀들, 심지어 비신자들까지 함께 모이는 모임이 되었다. 한 번 모이면 정식으로 식사하고 감사와 기도제목 등을 통해 삶을 나누었다. 그러다 보니 평균 서너 시간 이상 함께하게 된다.

    금요일 저녁 모임뿐 아니라 평일에도 목장 리더(목자)는 모든 목원을 늘 생각하며 기도하고 연락하고 필요를 채우느라 마음과 관심이 목장 식구들에게 가 있다. 모든 목장마다 단톡방에서 언제든 교제하고 소통한다. 목장의 모든 단톡방은 담임목사와 연결되어 있다. 담임목사는 아주 특별한 경우를 제외하고는 그림자처럼 살펴보면서 기도할 뿐이다.

    단톡방의 활동을 보면 각 목장과 거기에 속한 성도들이 어떤 상태인지를 속속들이 알 수 있다. 목자의 목회일기가 추가되면 더욱 성도들 내면의 필요와 문제와 기도 제목을 알게 된다. 그래서 자신도 모르는 사이에 가족 이상의 가족이라는 공동체의 소속감을 갖게 되는 것이다.

    자기를 이해하는 단 한 사람이 없어서, 자기의 기막힌 이야기를 들어줄 단 한 사람이 없어서 극단적인 선택을 하는 시대다. 오늘 세상 사람들의 가장 큰 문제와 필요는 외로움이다. 가정은 점점 무너지고, 가정이 있어도 진정한 가족이 되기 어려운 시대다. 홀로 사는 사람이 갈수록 늘어나고 있다. 혈육이라도 온 식구가 모여서 밥 한 끼 먹는 것이 일 년에 한 번도 쉽지 않은 고독의 시대다. 이런 현실에서 매주 함께 밥을 먹으면서 울고 웃고 기도하고 놀 수 있는 진정한 공동체가 있다면 그 자체로도 엄청난 가치가 있다. 교회가 바로 그런 성경적 가치가 되어야 한다. 신약적 퓨처 처치는 가족 이상의 가족, 하나님의 영적 가족 공동체다.

CHAPTER **04**

평신도가 사역자가 되는 교회

신약교회 네 번째 자화상은 목사가 아닌 평신도가 목회의 주역, 즉 사역자가 되는 교회다. 성경의 신약교회는 성직자와 평신도의 구분이 없었다. 성경에 평신도라는 말은 아예 등장하지 않고 교회의 모든 지체는 성도, 즉 구원받은 하나님의 자녀들이다. 성직자와 평신도의 구분은 우리가 잘 아는 대로 로마의 제국주의 시스템이 교회에 들어와 생긴 개념이다. 그 개념대로 지도자인 목사와 평신도인 성도를 구별한다고 하더라도 교회 사역 혹은 목회의 원래 주체는 목사가 아니라 성도다.

목사는 인도하고 성도는 사역한다

목사는 성도들을 준비, 구비, 훈련시켜서 교회 일을 하게 하는 자다. 성도는 지도자인 목사의 지도를 받으면서 교회 봉사,

즉 목회를 실제로 행하는 자다. 그 근거를 성경에서 찾아보자.

> "그가 어떤 사람은 사도로, 어떤 사람은 선지자로, 어떤 사람은 복음 전하는 자로, 어떤 사람은 목사와 교사로 삼으셨으니 이는 성도를 온전하게 하여 봉사의 일을 하게 하며 그리스도의 몸을 세우려 하심이라" 엡 4:11-12

즉 목사의 사명은 리더십이고, 성도의 사명은 미니스트리(사역)이다. 교회 성장학의 대가인 피터 와그너는 교회가 성장하기 위한 잠재력은 목사가 확실한 리더십을 많이 행사할수록, 그리고 일반 성도가 미니스트리를 많이 감당할수록 커진다고 주장했다. 성도가 예배 참석자와 구경꾼이 아닌, 일꾼과 봉사자가 될수록 교회는 질적으로 건강해지고, 양적으로 성장한다는 것이다.

에베소서의 본문을 근거로 할 때 이러한 주장은 성경적이다. 성경 원문을 보면 "성도를 온전하게 하여"의 주어는 11절에 나오는 말씀 사역자이다. 반면, "봉사의 일"과 "그리스도의 몸을 세우"는 것의 주어는 성도다. 즉 말씀 사역자인 목사는 '성도들을 준비시켜서 봉사의 일을 하게 하고, 그리스도의 몸인 교회를 세우게 하는 자'이다. 여기서 '봉사'란 헬라어의 '집사'와 어원이 같다. 영어 성경에는 '미니스트리' 즉 목양, 목회로 번역되어 있다. 전도하고 양육하고 교회를 섬기는 목양, 목회, 사역의 주체는 성도라는 것이다.

그러므로 건강한 신약교회가 되려면 목사의 리더십이 탁월해야 하고, 성도들의 목회가 확실해야 한다. 오늘날 대다수 교인 중 20퍼센트만이 교회의 사역에 연결되어 있고, 80퍼센트는 예배와 기도 모임 같은 프로그램에 참석만 하고 있다. 이 비율을 바꾸어야 신약적 퓨처 처치가 될 수 있다. 성도들 80퍼센트 이상이 사역에 동참해야 하는 것이다. 종교개혁 이후 만인 제사장론이 대두되었지만, 개신교도 가톨릭 못지않게 성직자 주도의 목양이 지속되었다. 이제는 교회의 주인의식을 목사가 아닌 성도가 가져야 한다. '어느 목사'의 교회가 아니라, '어느 성도들'의 교회가 되어야 한다. 성도가 목사를 돕는 것이 아니라, 목사가 성도를 돕는 구조로 바뀌어야 한다.

신약적 퓨처 처치는 성경대로 말씀과 기도의 영적 차원은 목사가 전념하고, 성도들은 전도, 양육, 구제, 섬김의 모든 일을 기쁘고 즐겁게 감당하는 교회다. 목사는 기도와 말씀 선포로 성도들을 온전하게 하고, 리더십을 발휘하여 성도들을 동기부여

> 이제는 교회의 주인의식을
> 목사가 아닌 성도가 가져야 한다.
> '어느 목사'의 교회가 아니라,
> '어느 성도들'의 교회가 되어야 한다.

한다. 성도는 그 목사의 리더십을 따라 목양하고 교회를 세우는 일을 한다. 그것이 바로 신약교회요 퓨처 처치다. 목사는 인도하고, 성도는 사역한다. 그럴 때 성도는 더 이상 소비자가 아니라 생산자가 될 수 있다. 무엇보다 예수님을 닮아갈 수 있다. 그것이 진정한 영적 성장이다. 영적 성장은 얼마나 섬기느냐, 얼마나 예수님을 따라가느냐에 달렸다.

평신도가 실제로 목회의 주체가 되고 사역자가 되는 교회는 얼마든지 가능하다. 전반적, 구체적으로 적용하는 그룹이 가정교회 운동이라고 할 수 있다. 최영기 목사가 시작한 가정교회에서는, 목사는 리더십과 설교와 예배 인도를 책임지고, 실질적인 모든 목회가 평신도에 의해 이루어진다. 그런 성경적인 교회 사역 분담이 교회론과 목회철학이 되고 있다. 모든 성도가 목장이라는 소그룹 공동체에 소속되고, 목장의 리더인 목자 부부가 전도, 양육, 심방, 섬김의 모든 것을 책임진다. 쉽게 말하면 큰 교회의 부목사와 전도사 역할을 평신도 목자가 감당하는 것이다.

어떻게 보면 목자는 부교역자 이상의 정체성을 가지고 있다. 부교역자는 담임 목사의 사역을 돕는 보조 역할이지만, 가정교회 목자는 담임목사를 돕거나 보조하는 차원 이상이다. 오히려 담임목사가 평신도 사역자인 목자의 사역과 목양을 돕는 역할을 한다. 성도가 목사를 성공시키는 것이 아니라, 목사가 성도를 성공시키는 것이다. 그럴 때 목자만이 아니라 목장에 소속된 성도 모두 성공할 수 있다. 목장 자체를 교회로 보고 모든 구성원이 몸 된 교회의 지체가 되도록 하기 때문이다. 목장 교회는 규모가 작기 때문에 누구나 한 가지 역할을 맡을 수 있고, 또 맡아야 한다. 목장 식구 모두가 목자, 교사, 전도, 선교, 친교, 음악, 행정 등을 한 가지씩 맡아서 "영혼 구원하여 제자를 만든다"는 교회 존재 목적을 위해 다 함께 섬기는 것이다.

교회의 주체는 목사가 아니라 성도다

잘되는 평신도 사역 중심의 교회에서는 평신도 사역자, 즉 목자는 목회가 삶의 일부가 아니라 전부가 된다. 신약교회의 회복에 목적을 두고 뛰는 목자들이 목장에 쏟는 열정, 시간, 에너지, 기도, 마음은 예배 참석자 수준의 평신도와는 전혀 차원이 다르다. 사례받는 교역자들보다 더 순수하고 열정적으로 자신의 모든 것을 쏟아붓는다. 그들의 삶 전체가 목장과 교회 사역을 중심으로 돌아간다. 이렇게 목장 사역에 전념하는 목자를 위해 담임 목사도 목사의 고유한 사명, 즉 섬기는 리더십을 위해서 전심전력할 수밖에 없다.

가정교회 목장이 전통적인 구역과 가장 많이 다른 점은 목자와 목장이 교회의 하부구조로서 수단이 되는 것이 아니라, 목적이 된다는 점이다. 즉 소그룹이 교회를 위해서 존재한다기보다 교회가 소그룹인 목장을 위해서 존재한다고 볼 수 있다. 여

> 교회의 주체와 대표성이
> 목사가 아닌 성도가 되는 교회가
> 바로 우리가 염원하는 퓨처 처치다.

기서 말하는 '교회'란 목사 중심의 교회 지도그룹을 의미한다.

 나는 지난 몇 년간 가정교회의 목사와 목자 그룹을 개인적으로 인터뷰해서 그 영상을 유튜브에 올리고 있다(BCGI, Biblical Church Growth Institute). 수백 명의 목자 목녀(목자 아내)를 인터뷰하면서 매번 느끼는 것이지만, 평신도 사역자인 목자들이 목사보다 훨씬 낫다는 생각을 떨칠 수 없다. 자기 시간과 물질을 써 가면서 비신자를 전도하고 목장 식구들을 지극정성으로 섬긴다. 매주 집에 목장 식구들을 초대해 식사를 대접하고, 몇 시간에 걸쳐 그들의 희노애락을 들어 주고, 위로하고, 기도한다. 그들의 삶에 문제가 생기면 제일 먼저 전화하고 달려가서 필요를 채우고, 문제를 해결해 준다. 비신자를 전도하기 위해 희생하고 헌신하는 수많은 간증은 도전과 감동을 준다. 교회 전체를 위해서도 가장 앞장서서 섬기고 세우는 일도 목자의 사명이다. 어느 때는 목사로서 내가 그렇게 섬기지 못한다는 죄책감을 느낄 정도다. 바로 그런 교회와 성도가 진정한 사역자가 된다. 이처럼 교회의 주체와 대표성이 목사가 아닌 성도가 되는 교회가 바로 우리가 염원하는 퓨처 처치다.

내가 섬기는 성시교회가 가정교회로 전환한 지 7년 차가 되었다. 가정교회 이전에는 모든 성도의 필요를 담임목사와 부교역자 중심으로 채웠다. 물론 유능한 부교역자 시스템으로 얼마든지 채울 수 있었다. 그러나 부교역자들의 문제는 자기들의 이해타산에서 완전히 자유롭지 못하다는 것이다. 수시로 그만두거나 다른 교회로 옮기는 문제가 가장 힘들었다. 어느 정도 훈련이 되고 손발이 맞아갈 때쯤 더 나은 사역지를 찾아 떠날 때마다 아쉬웠고, 다른 교역자를 구하는 데 애를 먹었다.

그러나 성도들이 목회 사역자가 된 후부터는 그런 구조적인 문제가 근본적으로 사라졌다. 목자들이 목장 식구들을 책임지기 때문에 큰 문제가 아닌 이상 알아서 해결하는 상황이 되었다. 전도하고 양육하고 심방하고 교회에 정착시키는 모든 책임이 평신도 사역자인 목자에게 주어져 있기 때문이다. 목사는 목자들만 잘 섬기면 큰 문제가 없다. 성도들의 모든 애경사를 목자들이 해결해 주기에 목사는 말씀을 준비하고 설교하는 일, 기도와 전도하는 일에 더 많은 시간과 에너지를 쏟을 수 있다. 평신도가 사역자가 되면 목사는 목사가 해야 할 일에 더 집중해서 전념할 수 있다. 신약적 퓨처 처치는 갈수록 평신도가 목회자가 되고, 영적 스타가 되는 교회다.

CHAPTER **05**

목사와 성도가 함께 행복한 교회

　신약교회 다섯 번째 자화상은 목사와 성도 모두가 행복한 교회이다. 건강한 성경적 교회는 행복한 교회다. 기독교는 쾌락주의는 배격하지만, 행복론은 적극 지지한다. 왜냐하면 하나님의 뜻은 우리가 주님 안에서 행복하게 사는 것이기 때문이다. 하나님이 인간을 창조하신 목적은 우리가 행복함으로 하나님께 영광이 되고, 하나님께 영광을 돌림으로 우리가 행복한 존재가 되는 것이다. 창조의 목적은 하나님의 영광과 인간의 행복이다. 인간은 죄로 말미암아 그 두 가지 목적을 잃어버렸다. 예수 믿고 구원받는 것은 그 잃어버린 목적을 다시 찾는 것이다. 하나님을 예배하는 행복한 인간이 되는 것이다. 그것이 바로 교회가 존재하는 목적이기도 하다.

어떤 교회가 행복한가

오늘날 교회가 세상에서 외면당하는 가장 큰 이유는 교회가 진정으로 행복하지 못하기 때문일 것이다. 교회가 교회답지 않고, 여러 가지 비성경적인 비리와 문제가 가득하다는 이유로 세상 사람들이 기독교와 교회를 부정적으로 보는 것은 사실이다. 그럼에도 교회가 정말 행복한 곳이라면 사람들이 교회에 오지 않을 이유가 없을 것이다. 왜냐하면 모든 인간은 행복을 원하기 때문이다. 세상 사람들이 열심히 사는 이유를 물어보면 두 가지로 대답한다. 성공하기 위해, 그리고 행복하기 위해. 그러니 교회가 행복의 전당이 된다면 오지 말라고 해도 사람들은 몰려올 것이다.

그렇다면 과연 어떤 교회가 행복한가? 사람은 자기가 목숨을 걸 만한 가치가 있다고 여길 때 행복을 느낀다. 목숨 걸고 할 만한 일이 있으면 아무리 힘들고 어려워도 행복한 것이 인지상정(人之常情)이다. 무슨 일이든지 삶의 일부가 아닌 전부가 될 때 행복하다. 그런데 신약교회는 천하보다 더 귀한 한 영혼을 구원하여 죄인을 성자, 더 나아가 예수님의 제자로 만드는 위대한 가치를 추구한다. 지옥에 갈 사람을 건져 천국으로 인도하는 지상 최대의 가치 있는 일에 모든 성도가 전념한다. 그러니 행복할 수밖에 없다.

목회와 교회 생활이 재미없는 이유는 비신자 한 사람이 주님께로 돌아오는 기쁨과 보람과 가치를 모르기 때문이다. 목회할 때 새신자가 들어오지 않으면 가뜩이나 힘든 목회가 더 힘들어진다. 성도도 자기가 전도해서 영혼이 구원받고, 사람이 변화되고, 불행한 삶이 행복과 기쁨으로 바뀌는 것을 볼 때 가장 보람을 느끼고 행복하다. 신약교회는 영혼 구원과 삶의 변화에 궁극적인 목적이 있다. 성도 모두가 그런 목적을 이루는 사역자가 되고, 목사는 그런 성도를 구비시키는 비전에 전념한다면 행복할 수밖에 없다.

물론 전통적인 직분을 가지고 봉사하는 것도 보람이 있다. 그러나 작은 목장 교회를 직접 섬기면서 하나님이 가장 원하시는 영혼 구원으로 영광을 돌릴 때 그 자체로 무한의 보람과 가치와 행복을 느낄 수 있다. 목사는 목사 본연의 사람 세우는 사명에 충실하고, 성도는 성도대로 전도와 목양이라는 본연의 사역을 되돌려 받았기에 기쁘고 행복하다. 물론 몸은 바쁘고 힘들 수 있다. 그러나 영원한 가치에 투자하는 삶에 자신을 드리고 있다는 사실에 기쁘고 행복할 것이다. 목사와 성도 모두 힘을 합하여 신약교회의 회복이라는 사명을 위해 존재하는 것이 행복의 이유다. 한 영혼이 주님께 돌아오면 하늘에서 하나님이 천사들과 함께 기뻐하신다. 그 하나님의 기쁨이 우리의 기쁨이 된다.

한 영혼의 구원에 진정한 행복이 있다

신약교회는 특히 영혼 구원, 즉 전도를 위해 강력하게 협업하는 교회다. 전도의 협업과 분업화로 스트레스가 아닌 스트렝스(strength)를 얻게 된다. 복음이 필요한 자(VIP)를 찾고 목장과 교회로 데리고 오는 일은 성도가 한다. 새신자에게 정확한 복음을 제시하고 예수님을 영접시키고 세례를 베푸는 일은 목사가 한다. 그리고 그 거듭난 자를 예수님의 제자로 세우기 위해 목사는 예배와 기도와 성경공부를 통해서, 목자(성도)는 목장과 매일의 섬김을 통해 함께 협업하는 것이다. 즉 전도의 3단계가 확실하다.

성도는 전도 대상자를 목장에 데리고 오기만 하면 된다. 목자는 사랑으로 그를 섬기면서 목장에 정착시키고 목사에게 데리고 온다. 목사는 그 전도 대상자에게 복음을 전하여 예수님을 영접시키고 세례를 주고 기초 양육으로 구원의 확신을 심어 준다. 이렇게 성도와 목자와 목사가 각각 자기의 역할만 잘하면 전도가 종합적으로, 그리고 자연스럽게 이루어진다. 그 결과 한 영혼이 구원을 받고 교회의 일원이 되며, 그리스도의 제자가 되는 과정을 보면서 모두가 함께 행복해지는 것이다.

몇 년이 지나도록 목장에 비신자가 없어서 힘들어하던 한 목자가 드디어 전도를 했다. 1년 정도 목장에서 섬기고 날마다 기도하고 연락하고 물심양면으로 관심을 가지고 돌봤다. 그 비신자는 사업에 실패해서 절망적인 상황이었는데 그 사랑과 기도에 마음이 열려 예수님을 영접했다. 그는 세례를 받고 성경공부 모임에 참석하면서 점점 더 변화되었고, 마침내 3년 만에 자기를 섬긴 목자의 삶과 사역을 보고 배운 끝에 목자가 되기로 결단했다. 마침내 목장이 분가되어, 그는 새로운 목장의 목자가 되었다. 그 모든 과정과 열매를 보면서 그를 전도하고 키운 목자와 목장 식구들은 한없는 감동과 감사와 감격을 누리면서 행복해했다.

최고의 행복은 의미 있고 가치 있는 목적이나 목표를 이룰 때 얻는 성취감이다. 성취감이란 과업을 완수했을 때 맛보는 행복감이다. 하나님이 아담에게 "땅을 정복하라"고 명령하셨을 때 상급으로 예비해 놓으신 감정이 바로 성취감이었을 것이다. 목회에서도 성취감을 맛보면 지치지 않고 사역을 지속할 수 있다. '교회의 본질 회복' 혹은 '교회의 존재 목적'이라는 거창한 명분에만 집중하면 피곤하고 탈진할 수 있다. 평가하기도 힘들고 눈에 보이지도 않는다. 그러나 1년에 한 명이라도 비신자가 예수님을 영접하고 세례를 받아 같은 식구가 되는 모습을 본다면 강력한 동기 부여가 되고 성취감도 맛보고 교회 생활이 기쁘고 행복할 것이다. 우리가 꿈꾸는 신약적 퓨처 처치가 그런 교회다. 신약교회는 모든 구성원이 진정으로 행복한 교회다. 초대교회가 바로 그런 기쁨의 교회였다.

CHAPTER 06

하드웨어와 소프트웨어가 확실한 교회

신약교회 여섯 번째 자화상은 교회 구조와 내용, 즉 하드웨어와 소프트웨어가 확실한 교회다. 목회데이터연구소에서 펴낸 《한국교회 진단 리포트》는 다음 다섯 가지 핵심 사역으로 미래 목회를 전망했다. 다섯 가지 핵심 사역이란, 첫째, 건강한 교회의 맥박인 예배, 둘째, 변화된 삶을 위한 양식인 교육, 셋째, 그리스도의 몸으로서의 친교, 넷째, 예수님의 섬김인 봉사, 다섯째, 지속되어야 할 대위임령인 선교이다. 예배, 교육, 친교, 봉사, 선교의 다섯 가지는 어느 교회나 공통적으로 추구해야 할 상식적인 사역이요 전통적인 목회다. 다섯 가지 사역에 충실하되 종합적으로 균형과 조화를 이루면 건강한 교회라고 할 수 있다.

그런데 나는 여기에 더하여 가정교회에서 정립되고 있는 '3축과 4기둥'에 집중하는 것이 신약교회를 건강하게 세워 나가는 데 더 확실하고 효과적이라고 생각한다. 3축은 목장 모임, 성경 공부(삶 공부), 주일예배다. 가정교회에서는 주일예배를 주일연합예배라고 칭한다. 그 이유는 목장 모임을 하나의 작은 교회로 여기며, 이러한 작은 가정교회들이 주일에 모여 연합으로 예배드리는 것을 교회라고 보기 때문이다. 4기둥은 신약교회의 네 가지 정신으로 교회의 존재 목적, 제자 훈련 방식, 목사와 성도의 사역 분담, 그리고 섬기는 리더십을 말한다.

가정교회 테두리에서는 이것을 목회 원칙이라고 부르면서 나머지 원칙들은 3축과 4기둥에 기초한 관행으로 본다. 컴퓨터에 비유하자면 3축은 하드웨어(hardware)이고 4기둥은 소프트웨어(software)라고 할 수 있다. 삼각대는 세 다리가 있어야 든든히 설 수 있고, 자동차는 네 바퀴가 있어야 잘 달릴 수 있다. 네 개의 바퀴가 세 개의 축으로 연결될 때 가장 이상적이고 효과적인 신약교회가 될 수 있다는 논리다. 실제로 그 원칙과 논리대로 목회해 보았을 때 가장 안정적이면서 효과가 좋았다. 즉 프로그램으로 운영되는 교회가 아니라, 어떤 상황에서도 지속할 수 있고 또 해야 하는 원리 중심의 교회와 목회가 가능해진 것이다.

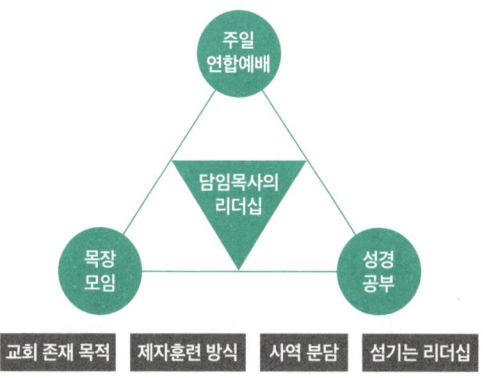

3축_예배, 목장, 성경공부

먼저 하드웨어인 3축을 살펴보자. 3축은 인간 구성요소인 지, 정, 의의 결합과 같다. 성경공부는 인간의 지적인 면을 만족시킨다. 가정교회에서는 성경공부를 '삶공부'라고 지칭한다. 이유는 간단하다. 지식의 전달이 아닌 삶을 변화시키는 성경공부가 되기를 바라서이다. 가정교회에서는 비신자도 참여할 수 있는 '생명의 삶' 공부가 모든 삶공부의 첫 단계다. 생명의 삶은 담임목사가 직접 가르친다. 생명의 삶을 공부하는 동안 비신자가 복음을 받아들이게 되고, 새신자나 기신자도 믿음과 교회생활의 기초 단계를 배울 수 있다. 가정교회식의 삶공부가 아니더라도 성경과 실제의 삶을 연결하는 강력한 성경공부는 건강한 신약교회가 되는 필수 요소가 되어야 한다.

목장 모임은 인간의 정적인 부분을 터치하는 자리다. 목장은 일반적인 소그룹 모임 이상이 되어야 한다. 목장 자체가 바로 작은 교회로서 기능하고 역할을 수행할 수 있다. 성도들은 주일 예배 외에 평일에 다시 가정에서 목장으로 모여 서로 애찬을 나누고 한 주 동안의 감사와 간증을 나눈다. 그리고 또 한 주를 위한 기도 제목을 놓고 함께 기도한다. 비신자들도 목장에 초대되어 예수 잘 믿는 사람들의 삶의 모습을 보고 교회에 대한 거부감이나 두려움을 없앨 수 있다. 목장을 이끄는 목자 즉 리더들의 삶과 섬기는 모습을 보고 배움으로써 예수님의 제자가 될 수 있다. 목장에는 남녀노소 모두가 참여하기에 영적 가족과 진정한 공동체가 될 수 있다. 어린 자녀들까지도 함께 참여하는 소그룹이 되어야 한다.

주일예배는 모든 목장 식구가 모여서 하나님을 찬양하며 말씀과 기도를 통해 의지적인 결단을 하는 자리다. 단지 설교 듣고 은혜받는 것으로 만족하지 않고 말씀과 기도로 생각과 태도가 변화되어 그 말씀대로 살겠다고 결심하는 것이다. 그래서 설교를 듣고 하나님의 임재를 경험한 후에 결단하는 시간과 자리를 반드시 마련해야 한다. 예배를 통해 비신자는 예수 믿을 것을 결단하고, 신자는 주님과 교회를 위해서 헌신할 것을 결단한다. 진정한 회심과 영적 성장과 사역을 위해서는 인간의 지, 정, 의를 균형 있게 지속적으로 자극해 주어야 한다. 감성을 건드리는 소그룹(목장), 복음적인 삶의 정보를 제공하는 성경 공부(삶 공부), 그리고 자발적인 헌신을 결단하게 하는 예배(주일연합예배)가 총체적으로 돌아가야 한다.

이 세 가지 축을 강력하게 잡아 주는 것이 담임목사의 리더십이다. 그 리더십은 예수님처럼 섬기는 리더십, 종이 되는 리더십이다. 그래서 가정교회 로고는 피라미드형이 아니라 역삼각형이다. 위에서 아래로 지배하는 리더가 아닌, 아래에서 위로 섬기는 리더인 것이다. 이 3축은 개인적으로도 지속적인 성장을 위해서 적용될 수 있다. 지적인 면에서의 성경공부, 정적인 면에서의 교제와 나눔, 그리고 의지적인 면에서의 하나님과의 만남이 균형과 조화를 이룰 때 온전한 성장과 성숙을 이루어 예수님의 제자가 될 수 있다. 그리고 이 같은 하드웨어라는 그릇에 채워 넣는 것이 바로 4기둥, 즉 신약교회의 네 가지 정신이다.

4기둥_영혼 구원, 제자 훈련, 사역 분담, 섬기는 리더십

신약교회의 소프트웨어라 할 수 있는 4기둥을 살펴보자.

첫 번째 기둥은 교회의 존재 목적이다. 앞에서 강조한 것처럼, 신약교회는 영혼을 구원하고 제자를 삼으라는 예수님의 대사명이 가장 중요한 목적이다(마 28:19-20). 우리 모두의 퓨처 처치는 단지 큰 교회가 되는 것이 아니라 주님이 원하시는 교회가 되는 것이다. 주님이 교회를 세우신 목적은 바로 주님처럼 가서 제자 삼아 죽어 가는 영혼을 구원하고, 그 사역을 감당할 제자를 많이 양성하는 것이다. 퓨처 처치의 가장 중요한 목적 혹은 목표에 전념하고 나머지 덜 중요한 것들은 제거해야 현실화할 수 있다.

두 번째 기둥은 제자 훈련 방식이다. 신약교회의 제자 훈련은 예수님이 하신 방식 그대로 따라하는 것이다. 예수님은 제자들과 함께하셨고 권능을 주셔서 예수님처럼 복음을 전하게 하셨다(막 3:14-15). 제자 훈련이란 단지 가르치는 것 이상이다. 가르칠 뿐 아니라 지키게 해야 한다. 강의실에서 공부하는 것을 넘어 현장에서 보고 실습함으로 자연스럽게 훈련이 되어야 한다. 예수님의 제자 훈련 방식은 '지식 전달보다는 능력 배양, 교실 교육보다는 현장 실습, 말로 가르치기보다는 행동으로 보여 주어 제자를 세우는 것'이었다. 그것을 그대로 따라하는 것이 신약교회의 두 번째 정신이다.

세 번째 기둥은 목사와 성도 간의 성경적인 사역 분담이다. 초대교회의 교회 지도자들처럼 오늘의 목사는 성도들을 준비시켜서 온전하게 해야 한다. 이것이 가장 중요한 사역이다. 성도를 온전케 하는 것은 말씀과 기도와 본을 보여 주는 행동을 통해서이다. 그러한 지도를 받는 성도는 봉사, 즉 목회를 하고, 그렇게 함으로써 그리스도의 몸인 교회를 세우고 자라게 한다(엡 4:11-12). 오늘날 한국 교회, 특히 작은 교회의 가장 큰 문제는 목사 혼자서 모든 사역을 감당하고 성도들은 그저 은혜받고 만족하는 교회생활을 추구한다는 점이다. 그러나 건강한 신약교회는 목사가 어떤 수행(performance)을 잘하기보다, 성도들이 잘하도록 움직이게 하는 것(motivation)에 더 집중하고 전념해야 한다.

네 번째 기둥은 섬기는 리더십이다. 섬기는 리더십이란 다른 사람을 성공시켜 주는 능력이다. 예수님은 리더란 섬기는 자라고 하셨다. 그리고 예수님은 세상을 섬기기 위해 오셨다고 했다(막 10:43-45). 섬긴다는 것은 남이 시키는 대로만 하는 것이 아니라 남을 잘되게, 유익하게, 성공하게 하는 것이다. 그러한 섬김의 리더십은 목사뿐만 아니라 모든 성도가 함께해야 한다. 목사는 평신도 리더를 섬기고, 평신도 리더는 일반 성도를 섬기고, 일반 성도는 교회 밖에 있는 비신자를 섬겨야 한다. 그런 섬김이 강력할 때 사람들은 교회를 찾아올 것이다. 세상에서도 가장 본질적이고 효과적인 리더십은 종의 리더십, 섬기는 리더십(Servant Leadership)이라는 것이 일반 상식이 되고 있다.

이렇게 예배와 목장과 성경공부라는 3축에 전념할 때 교회는 건강해진다. 다른 것을 할 필요가 없다. 그 세 가지에 목숨을 걸면 행사나 프로그램이 없어도 교회는 활력을 얻고, 성도들은 살아나고, 새로운 신자들은 왕성해질 것이다. 또한 영혼 구원과 제자 훈련과 사역 분담과 섬김 문화라는 4기둥의 정신이 살아 있으면 주님의 교회는 성경적인 신약교회로서 우리에게도 현실로 다가올 것이다. 오직 전도, 오직 훈련, 오직 연합, 오직 섬김이 있는 교회에 그동안 교회를 떠났던 냉담자들이 다시 찾아와 회복될 것이고, 교회를 전혀 모르는 비신자들도 회심할 것이며, 교회를 위해서 마음을 다하여 헌신하고 싶은 기존 신자들의 회동의 역사가 일어날 것이다. 신약교회는 그릇도 좋고, 내용도 좋은 교회다. 그런 교회가 우리의 퓨처 처치가 되어야 한다.

CHAPTER 07

확산과 전수가 잘되는 교회

제자란 학습할 뿐만 아니라 전수하는 자다. 예수님에게 배운 제자들은 예수님처럼 수많은 다른 제자를 세웠다. 그 제자들이 세운 교회는 또 다른 교회의 모델이 되었다. 즉 교회가 또 다른 교회를 낳은 것이다. 예루살렘교회도 마가의 다락방 120명이 출석하는 교회에 머무르지 않고, 수많은 가정교회를 만들었다. 그렇게 복음이 지역을 넘어 사마리아에, 유대에, 다른 나라에, 그리고 그 당시 땅끝이라고 할 수 있는 로마와 스페인까지 확산되었다. 지역만 아니라 세대를 넘어 계속 교회가 재생산되어 오늘 우리에게까지 신약교회 정신이 계승된 것이다.

시대와 세대를 넘어 신앙이 전수되는 교회

오늘의 신약적 퓨처 처치도 예루살렘교회와 동일한 영적

재생산이 이루어져야 하고, 또 이루어질 수 있다.

첫째, 신약교회는 각각의 신자가 믿음을 전수하는 전도자가 된다. 앞에서도 강조했지만, 신약적 퓨처 처치는 다른 교회 교인들이 와서 성장하는 교회가 아니다. 전혀 복음을 모르던 비신자가 전도되어 복음에 충성하는 제자로 자리잡고, 그렇게 회심한 이들이 성장하는 교회다. 그런 점에서 전도의 분업화가 중요하다. 전도를 나누어서 하는 것이다. 복음이 필요한 사람을 찾는 일, 교회로 데려오는 일, 복음을 제시하는 일, 예수님을 영접하게 하는 일, 그리고 제대로 성장하도록 돕는 일 등을 모두 나누어서 감당하면 그것이 바로 영혼을 구원하는 전도의 분업화와 협업이다.

혼자서 전도의 모든 과정을 다 감당해야 한다고 생각하면 전도가 힘들고 어렵고 부담이 된다. 전도의 전 과정을 혼자서 다 할 수 있는 사람은 사실상 거의 없다. 전도는 잘하지만 영접이나 양육이 약한 사람이 있다. 섬김과 양육은 잘하는데 비신자를 접촉하고 데려오는 일은 못 하는 사람도 있다. 그러므로 각자가 잘할 수 있는 부분만 전념하면 전도의 열매를 자연스럽고 쉽게 거둘 수 있다. 성도는 비신자를 목장에 데려오기만 하면 된다. 그것으로 전도의 역할이 끝이라고 할 수 있다. 목장 식구들과 목자가 잘 돌봐 주기 때문이다.

목자는 목장에 온 비신자를 기초 성경공부반에 등록하도록 하고, 목장에서 최선을 다해 섬기면 된다. 그래서 목장과 교회에 계속 나오게 하면 그것만 해도 훌륭한 전도다. 목사는 성경공부나 일대일 만남을 통해서 복음을 정확하게 전달하고, 예수님을 구주로 영접하게 한다. 그리고 준비된 경우 세례를 베푼다. 그것만 열심히 잘하면 목사도 전도를 훌륭하게 한 셈이다. 이렇게 각자의 역할에 충실하면 한 명의 비신자가 온전한 예수의 제자가 된다. 이렇듯 분업하고 연합하여 전도를 완성한다. 유기적으로 전도가 이루어질 때 공동체 전체가 전도의 기쁨과 보람을 느낄 수 있다. 그래서 행복한 교회가 되는 것이다.

둘째, 신약교회는 비신자에게 복음을 전할 뿐 아니라 다음 세대인 자녀들에게 신앙을 전수하는 역할도 한다. 지금 한국 교회의 가장 큰 문제 중 하나가 부모 세대는 잘 믿는데, 자녀세대가 무너지고 있다는 것이다. 교회 생활을 열심히 하고 있는 부모의 자녀들 대다수가 교회에 나오지 않고 있다. 어렸을 때는 부모 손에 이끌려 할 수 없이 나왔지만, 청소년 시절부터 부모의 뜻에서 벗어나기 시작하고, 청년 대학부가 되면 80퍼센트 이상이 부모의 의지와 상관없이 교회와 믿음에서 멀어지고 있는 것이 현실이다. 교회의 부정적인 문제와 부모들의 이중적인 신앙생활을 본 자녀들이 실망과 환멸을 느끼고 교회에 등을 돌린다. 그리고 하나님과의 관계마저 옛적 일이 되고 마는 것이다.

코로나 팬데믹 이후 주일학교는 거의 초토화되었다. 이제는 교회가 다음세대의 신앙을 책임질 수 없는 상황이 되었다. 믿음의 전수는 강요로 되지 않는다. 자연스럽게 공유되어야 한다. 신약교회는 자녀의 신앙교육을 교회가 아닌 부모가 책임지도록 돕는다. 부모가 가정에서 신앙교육을 주도하고, 교회와 주일학교는 신앙 전수를 도와주는 것이 성경적이고 효과적이다. 신약교회의 목장은 자녀들에게 신앙을 전수하기에 안성맞춤이다. 자녀들이 목장에서 부모가 보여 주는 믿음과 헌신을 보면서 자연스럽게 소그룹과 교회에 익숙해지기 때문이다. 목장 모임을 통해 더불어 사는 법과 서로를 섬기는 리더십을 자동으로 배우게 된다.

현재 가정교회에서는 어린이가 어른과 함께 목장에 참석하지만, 어린이 목장도 별도로 운영되고 있다. 가족이 함께 식사한 후에 찬양을 부른다. 그 후에 자녀들이 나와 지난 한 주간 감사했던 일을 나누고, 다음 한 주간의 기도 제목을 발표한다. 그런 후에 부모들 사이에 자녀들을 앉히고 칭찬하고 기도해 준다. 그것을 '올리브 블레싱'(감람나무 축복의 시간)이라고 부른다. 그다음에는 자유롭게 자녀들끼리 다른 방에서 어린이 목장을 가진다. 어린이 목장에도 어린이 목자를 임명하여 책임감을 갖게 한다. 청소년들도 자기들만의 목장을 통해 집이나 교회에서 장년 목장과 거의 동일한 순서로 목장 모임을 가진다.

어린이에서 청소년으로 자라면서 목장을 통해 부모의 신앙이 자연스럽게 전수되는 것이 바로 신약교회의 모습이다. 어린이 목장과 청소년 목장은 자녀들에게 신앙을 전수하는 가장 효과적인 통로가 된다. 부모들의 인정과 칭찬과 기도를 통해 신앙을 전수받는다. 어린이나 청소년 목자로 섬기면서 성경적인 섬김의 리더십을 익힌다. 또한 목장을 통해 친구들을 전도한다. 이런 과정을 통해 어린 시절부터 청소년을 넘어 청년과 장년이 될 때까지 신앙의 연속성이 유지되고, 부모와 함께 같은 교회에서 신앙생활을 지속할 가능성이 높아진다. 이렇게 해서 주일학교 상급 부서로 옮길 때마다 숫자가 현저하게 줄어드는 문제를 해결할 수 있는 교회가 성경적인 신약교회요 우리가 바라는 퓨처 처치다.

그런 분위기가 확실하면 청년 세대에도 희망이 있다. 듣는 것보다 말하는 것을, 관료적인 시스템보다는 인간관계를, 권위적인 문화보다는 나눔의 분위기를 선호하는 젊은이들의 특징을 품기 때문이다. 청년들도 목장을 통해 장년과 똑같이 가정에서 목장 교회로 모인다. 영혼을 구원하고 제자를 세우는 신약교회로 모이는 것이다. 청년이라고 따로 특별 대접해 줄 필요가 없다. 고등학교만 졸업하면 장년으로 봐야 한다. 그래서 교회를 섬기는 책임과 의무를 공유하는 것이다. 자격이 된다면 교회 리더십에도 참여시켜서 지도자로 키울 때 교회의 노화를 막을 수 있고, 세대 간의 격차도 해소시킬 수 있다. 영혼을 구원하여 제자를 세우는 신약교회는 한 두 세대에 부흥하는 것으로 끝나는 교회가 아니다. 세대를 넘어 계속 성경적인 교회가 되는 것이 우리가 바라는 퓨처 처치다.

다른 교회, 다른 나라로도 확산되는 교회

셋째, 신약교회는 다른 교회도 건강하게 하는 특징을 가진다. 즉 성경적인 교회의 특성이 보편성으로 공유되는 교회가 신약교회다. 급성장한 교회를 모방한다고 해서 모든 교회가 성장하는 것은 아니다. 그 교회의 특수성과 특히 담임목사의 리더십과 은사와 능력에 의해 좌우되는 경우가 많기에 모방만 해서는 전수와 확산이 어렵다. 그러나 성경적인 신약교회를 추구하면, 그 원리가 성경에서 나온 것이기에 모든 교회, 모든 목회자가 공유하고 적용할 수 있다. 개인의 능력에 따라 결과가 달라질 수 있지만, 성경적인 교회의 본질이라는 공통의 목표와 방향과 원리는 불변하다.

목회자가 탁월한 리더십과 능력이 없더라도 신약교회의 정신과 원리를 수용하고 최선을 다해서 정직하게 따르면, 급성장은 어렵더라도 바람직한 영적 열매는 거둘 수 있다. 왜냐하면 신약교회적 퓨처 처치는 특정 인물이나 은사나 프로그램이나 조건 때문이 아니라 성경적인 교회의 정체성에 충실하고, 교회의 본질에 전념하기 때문이다. 그래서 그 중심성만 확실하다면 누구나 꿈을 이룰 수 있다. 단, 그러한 본질 목회에 충실하기 위해 비본질적인 것을 다 버리고, 오직 주님이 원하시는 교회가 되겠다는 초심을 지켜야 하는데 그것이 쉽지 않다. 특히 목사나 목자 같은 리더들이 세상적인 가치관을 버려야 한다. 완전히 다른 섬김의 헌신과 희생을 치러야 하고, 치열한 목회를 해야 하기에 내려놓을 것이 많다. 그것을 감수한다면 신약교회는 얼마든지 전수되고 확산될 수 있다.

마지막으로 신약교회는 다른 나라로도 확산되는 교회다. 예루살렘 초대교회가 안디옥, 고린도, 로마로 퍼져 나갔듯이, 신약교회는 해외 선교지에도 확산될 수 있고, 또 되어야 한다. 현재 가정교회 운동은 30여 년 전 미국 휴스턴 서울교회에서 시작되었다. 그런데 지금은 한국에 있는 가정교회가 더 강력하게 활성화되었고, 전 세계 선교지 거의 모든 지역으로 확산되고 있다. 오히려 특정 선교지에서는 가정교회와 같은 모습의 신약교회가 더 효과적으로 받아들여진다. 신약교회는 어떤 자원이나 환경에 제약받지 않는다. 주님의 꿈을 받은 사람과 가정만 있으면 된다. 사람과 집만 있으면 되는 교회가 바로 신약교회다.

신약교회의 궁극적 목표는 전도와 선교다. 이 두 가지에 집중하지 않으면 목장과 교회는 이기적인 자기만족의 집단이 될 뿐이다. 그래서 목장에는 항상 비신자 VIP에 대한 관심과 선교지를 위한 기도와 후원이 필연적으로 내재되어 있다. 목장의 가정교회는 기도와 헌금으로 선교사를 지원하고 선교지를 위해 중보한다. 필요하면 목장이 주축이 되어 그 선교지에 단기 선교 봉사를 떠난다. 혹은 반대로 선교지의 선교사가 자신을 지원하는 목장을 방문하기도 한다. 이와 같은 돈독한 영적 관계를 통해 온 인류를 구원하시려는 주님의 소원이 확산되는 것이다.

또 한 가지 신약교회가 아름답게 보여 줄 수 있는 성경적인 요소는 리더십 계승에 관한 것이다. 오늘 한국교회의 부정적인 평가 중 하나가 목회자 세습, 목회자 계승으로 인한 불협화음이다. 좋은 목회자가 후임으로 왔더라도 교회의 전통이나 교인들의 욕구와 맞지 않아서 교회가 시끄럽고 심지어 분열되는 경우가 왕왕 있다. 그런데 가정교회에서는 어떤 목사가 후임으로 오느냐가 그리 중요하지 않다. 이미 신약교회적인 요소로 평신도 사역자들이 목회의 주체가 되고 있기 때문이다. 정직성과 정확성과 투명성만 확실하다면, 그리고 신약교회의 특성을 이해하기만 하면 누가 와도 교회는 큰 위기 없이 계속 신약적인 퓨처처치가 될 수 있다.

전임은 명예로운 은퇴가 가능하고, 후임은 존경받는 사역의 연장이 일어나는 교회가 신약교회다. 가장 좋은 방식은 그 교회에서 목자로 확실한 열매가 검증된 사역자가 신학을 공부하고 담임으로 승계되는 것이다. 은퇴하는 목사는 후임을 잘 키워서 담임목사 사역을 물려주는 것이 최선이다. 신약교회와 그 정신과 문화를 잘 이해하는 후임이 세워지면 지금까지 해온 좋은 것들을 무너뜨리고 굳이 새 집을 지을 필요가 없다. 새로운 목사가 왔다고 목회철학이 바뀔 필요도 없다. 이미 잘 세워진 터 위에서 하나님이 그에게 주신 고유한 꿈과 사명을 성실하게 이루어 가면 된다.

지금까지 현존하는 가정교회를 중심으로 신약교회의 자화

> 하나님이 부르신 소명이 확실하고,
> 성경적인 가치를 궁극적 목적으로 삼는 교회는
> 참되고 선하고 아름다운 신약적 퓨처 처치다.

상을 살펴보았다. 거듭 말하지만, 지금의 가정교회만이 성경적인 신약교회, 혹은 내가 꿈꾸는 퓨처 처치라고 할 수 없다. 내가 판단할 때 가정교회가 성경적인 신약교회에 가장 근접하다고 볼 수 있지만, 그렇다고 그것이 절대화 될 수는 없다.

가정교회 테두리에 들어가 있다고 해서 다 성경적인 신약교회는 아닌 것처럼, 가정교회 테두리 밖에 있을지라도 얼마든지 주님이 원하시는 교회, 영혼을 구원하고 제자를 세우는 교회, 세상을 하나님의 나라로 만드는 교회가 있을 수 있다. 지금까지 열거한 일곱 가지 자화상을 정체성으로 삼는 교회는 그 형태와 표현이 다를지라도 다 성경적인 퓨처 처치가 될 수 있다고 믿는다. 하나님이 부르신 소명이 확실하고, 성경적인 가치를 궁극적 목적으로 삼는 모든 교회는 참되고 선하고 아름다운 신약적 퓨처 처치가 될 것이다. 나는 퓨처 처치를 믿는다!

PART 03
퓨처 처치로 개척하라

나는 미국에서 한 번, 한국에서 한 번, 이렇게 두 번 교회를 개척해 보았다. 미국에서는 유학 중에 몇 명의 성도와 교회를 개척해서 몇 년간 섬겼다. 10여 명으로 시작한 교회가 학위를 마치고 귀국을 위해 사임할 때에는 2백 명 가까이 성장한 것을 보았다.

귀국해서 여의도순복음교회에서 교회성장연구소장과 부목사로 섬기던 중 2005년에 20여 명이 가정집에서 처음으로 모여 성시교회를 시작했다. 감사하게도 성장과 감소를 오르내리는 여정이 20년간 지속되었지만 분당에 천 명이 들어갈 수 있는 대성전을 가진 오늘의 교회를 지킬 수 있었다. 지금은 미국에서 탁월하게 목회하던 후배 목사에게 후임을 부탁하고 교회를 맡기게 되었다. 두 번의 개척 모두 갑작스럽게 이루어졌다. 지금 돌이켜 보면 얼마나 준비 없는 개척이었는지 부끄러울 뿐이다.

개척할 때는 다음 세 가지를 반드시 염두에 두길 바란다.

첫째, 비신자를 대상으로 영혼을 구원하는 '전도 중심 교회'를 세우라. 내가 개척한 두 개의 교회 모두 성도의 80퍼센트는 수평이동을 하거나 세상에서 방황하다 다시 신앙생활을 한 이들이었다. 처음 예수 믿은 성도는 20퍼센트 정도에 불과했다.

미국에서의 한인 목회는 상황적으로 그랬다 치더라도, 한국에서의 목회는 꼭 그럴 필요가 없었는데도 그렇게 되었다. 내 교회론과 목회철학이 열악했다는 증거다. 세계 최대 교회에서 수십 년간 목회했기 때문이기도 했고, 미국 현대교회 성장학에 함몰되었기 때문이기도 했다. 그러다가 7년 전에 가정교회를 만났다. 그 후부터 정신을 차리고 비신자 전도만을 목표로 목회했지만 전환이 쉽지 않았다. 적지 않은 성도가 적응하지 못하고 교회를 떠났다. 어느 중직자는 동네 교회의 리더가 되고 싶지 않다면서, 자기는 대형교회의 장로가 되고 싶다는 말을 남기고 떠나기도 했다.

그러나 지금 생각하니 다행이었다. 교회가 존재하는 목적은 영혼 구원이다. 주님이 가장 원하시는 교회 또한 비신자를 전도하여 예수를 영접시키고 세례를 주는 것이다. 원래 교회 성장의 의미는 복음 전파다. 교회는 그것을 위해 세워졌고, 또 세워지고 있다. 교회가 비록 작더라도 대다수 교인이 그 교회를 통해 전도되어 구원받았다면, 그 교회는 무조건 위대하다. 내가 다시 교회를 세운다면 목회 대상은 무조건 비신자다. 물론 가나안 성도나 참된 예수의 제자와 사역자가 되기 위해 신약교회를 찾는 이들에게도 문은 열려 있다. 그러나 모든 목회의 초점이

'복음 전파'가 되는 교회를 세우고 싶다.

둘째, '평신도'를 진정한 제자와 사역자로, 그리고 세상에 선한 영향력을 끼치는 리더로 키우는 교회를 세우라. 그동안 나는 주일예배 출석 숫자에 관심을 쏟았다. 물론 교회 일꾼을 많이 배출하기도 했다. 그러나 나의 주된 인식 필요(Felt Need)는 교회의 크기와 성도의 규모였다. 물론 거기에는 헌금 액수도 포함된다. 빨리 성장해서 건물을 확보하고 큰 교회가 되는 것이 가장 큰 소원이었다. 그 목적은 큰 규모의 경제를 활용하여 한국 교회에 선한 영향력을 끼치는 것이었다. 그런데 사실상 크기는 수단이지 목적이 아니다. 목적이 아닌 것에 매달리다 보니 힘들기도 했지만, 무언가 공허했다.

나는 개척 5년 만에 무리해서 백억 원이 넘는 성전을 구입했다. 보기는 좋았지만 상상하지 못한 여러 가지 어려움과 문제를 경험하게 되었다. 물론 이 성전이 있었기에 좋은 후임자와 함께 새로운 희망과 비전을 가질 수 있었지만, 아쉬움이 남는다. 개척 초기부터 재목이 좋았던 적지 않은 성도들을 제자와 리더로 키우는 데 전념했다면 지금보다 더 나은 모습이 되었을 것이다. 나는 지금 과거를 후회하는 것이 아니다. Part 1에서 말했듯 과거를 재해석할 때 현재의 복이 되는 합력선이 될 수 있다. 다만 후배들을 위해서 나의 아쉽고 안타까운 과거를 솔직하게 고백하는 것이다.

교회는 시작과 존재와 지속의 목적이 복음 전파와 제자 훈련에 있다. 방식과 형태가 다를 수는 있어도 비신자의 영혼을 구원하고, 구원받은 새신자를 예수님처럼 살게 하는 영적 훈련은 다른 모든 것을 희생하더라도 반드시 이루어 내야 한다. 그것이 교회 개척의 이유다. 교회를 개척해서 예수님처럼 단 열두 명만이라도 제대로 된 예수 제자로 키워 낸다면 더 이상 고민할 필요가 없다. 그 열두 명이 없기 때문에 수많은 개척교회가 신음하고 있는 것이다.

이제 목사가 목회하는 시대는 지났다. 평신도가 목회하는 시대가 되었다. 목사는 성도가 목회자가 되도록 돕는 것이 가장 큰 사명이요 역할이라는 것을 절감해야 한다. 그럴 때 교회 개척과 목회에 가치가 있다.

셋째, '교회를 개척하는 교회'를 세우라. 그동안의 연구와 경험으로 내린 결론은 주님과 신약성경이 원하는 교회는 재생산을 넘어 배가 성장하는 교회라는 것이다. 교회 성장의 진정한 의미는 한 교회가 비대해지는 것이 아니라 새로운 교회가 많아지는 것이다. 주님의 대명령을 받은 제자들은 예루살렘 교회만 크게 한 것이 아니었다. 흩어져서 수많은 곳에 새로운 교회를 세웠다. 특히 사도 바울은 말 그대로 교회 개척자였다. 교회를 세운 후에는 그 지역 리더를 세워 맡기고 다른 곳으로 가서 또 다른 교회를 세웠다. 그 교회는 같은 지역에, 혹은 다른 지역에 또 다른 아들 교회, 딸 교회를 세웠다.

지금도 극히 소수지만 몇백 명 혹은 몇천 명 성도가 되면 분립 개척하는 교회가 일부 있다. 어느 교회는 수십 명도 안 되는데 새로운 교회를 개척하기 위해 비전을 품고 실천하는 교회도 있다. 그러나 절대다수의 교회는 자기 교회를 유지하고 지키는 데 전전긍긍하거나, 무조건 큰 교회를 세우는 데 전심전력하고 있다. 그것이 잘못이라는 말이 아니다. 다만 주님이 원하시는 목적과 열매를 제대로 이루지 못하고 있다는 것이다. 즉 올바른 일을 올바르게 하는 효과와 효율 모두 실패하고 있는 셈이다.

앞으로의 내용에서 올바른 교회 개척의 중요성과 비전에 대해서 자세하게 논하겠지만, 결론부터 말하면, 어떤 교회도 새로운 교회를 개척할 수 있고, 또 개척해야 한다고 생각한다. 지구상에 존재하는 모든 가정을 교회로 세운다면 이 꿈이 이루어질 수 있다고 보기 때문이다. 가정을 교회로 만들고, 그 가정의 호주를 목회자로 세우는 것, 그것이 교회 개척의 새로운 패러다임이 될 것이다.

지금까지 이야기한 세 가지 목표, 즉 (1) 비신자 전도 중심의 교회, (2) 평신도 사역자를 세우는 교회, (3) 교회를 계속 개척하는 교회는 Part 1에서 말한 '퓨처 처치'요, Part 2에서 말한 '신약교회'다. 그 신약교회를 퓨처 처치로 꿈꾸는 개척자들이 많아지기를 소원한다.

CHAPTER 01

교회 개척의 확실한 이유가 있는가

교회 개척에 관해 흔히 하는 말이 있다. 해외 선교지는 몰라도 한국은 전국 각지에 이렇게 교회가 많은데 왜 또 교회를 개척하느냐는 질문이다. 교회 개척의 필요성 혹은 중요성은 과연 무엇일까? 교회 개척의 중요성에 대해서 성경적, 신학적 혹은 실제적인 필요에 대해 말하기 전에 크레이그 오트(Craig Ott), 진 윌슨(Gene Wilson)의 책 《온 세상을 향한 교회 개척》의 프롤로그에 나오는 사과나무 이야기를 인용해 본다.

어느 마을에 대형 사과나무가 있었다. 얼마나 큰지 그 나무에서 수확한 사과를 마을 사람들이 다 먹고도 남았다. 그런데 어느 해에 재해가 와서 사과나무가 죽어 가게 되었다. 더는 마을에 사과를 충분하게 공급할 수 없었다. 또 다른 도시에 작은 사과나무가 있었다. 볼품도 없었고, 그 대형 사과나무에 비하면 10분의 1도 채 되지 않았다. 사람들이 '말라깽이'라고 무시했다. 그런데 어느 날 그 사과나무 밑에 작은 아기 사과나무가 자라기 시작했다. 말라깽이는 처음에는 그 작은 아기 나무 때문에 자기도 못 자랄 것 같아 거부했다. 그러나 생각했다. 자기에서 떨어지는 사과 씨앗들이 더 많이 자라면 대형 사과나무 한 그루에서 나오는 것보다 더 많은 사과 열매를 거둘지 모른다고. 그래서 말라깽이는 수많은 비난과 조롱에도 불구하고 사과를 떨어뜨렸고, 그 사과에서 나온 씨앗들이 여기저기에서 자라기 시작했다. 곧 사과나무들이 온 땅을 뒤덮을 것이다. 대형 나무같이 멋지지는 않아도 남녀노소를 불문하고 그 도시 사람들이 굶주리지 않게 될 것이다.

이 이야기의 교훈은 무엇인가? 당신이 더 많은 사람을 먹이기 원한다면 하나의 큰 나무에서 크고 맛 좋은 사과를 많이 생산하는 대신, 더 많은 사과나무를 심으라는 것이다. 영적으로 굶주린 전 세계 사람들을 먹이려면, 큰 교회 몇 개가 아니라, 작은 교회를 더 많이 개척하라는 것이다. 그 작은 교회가 또 다른 작은 교회들을 계속 개척하면 기하급수적으로 많은 사람을 구원할 수 있다.

교회를 개척해야 하는 일곱 가지 이유

나는 이미 오래 전에 《교회 개척의 원리와 전략》이라는 책을 썼다. 그 책에서 지금도 교회를 개척해야 하는 이유 일곱 가지를 정리했다.

첫째, 교회 개척은 하나님의 명령이다. 만민에게 복음을 전파하라는 명령, 모든 족속을 제자를 삼으라는 예수님의 대명령을 수행하는 것이 바로 교회 개척이다. 주님의 명령은 모든 족속, 즉 사람 그룹(People Group)에게 맞는 교회를 세워 세례를 주고 양육하고 또 다른 교회를 재생산하라는 명령으로 이해해야 한다. 교회를 대신하여 복음을 모든 사람에게 전파하라는 명령을 성취할 기관은 이 세상에 없다. 교회 개척이 하나님의 명령에 대한 순종이라는 명제는 교회 개척이 성경적이라는 말과 동일하다. 즉 교회 개척은 복음을 확장시키는 신약성경적 방식이다. 신약교회는 새로운 교회를 개척해 나감으로써 하나님 나라를 건설하라는 주님의 명령을 수행했다. 그러므로 오늘 우리도 하나님 나라 공동체로서 새로운 교회를 의도적, 적극적으로 개척하지 않는다면 주님의 명령에 불복종하는 것이다.

둘째, 교회 개척은 민족복음화와 세계복음화에 효과적이다. 전도와 선교는 개인 혹은 집단에게 복음을 전하는 것으로 완성되지 않는다. 복음을 받아들인 자들을 교회로 인도하여 책임 있는 지체가 될 때까지 도와주어야 한다. 그런 점에서 더 많은 교회가 필요하다. 현재 지구상에 교회가 없는 지역, 교회가 더 필요한 지역이 전체의 3분의 1이다. 회심자가 교회에 속하여 정착하기 전까지 전도와 선교는 아직 완성된 것이 아니다.

공격적이고 적극적인 복음화를 위해서는 기존 교회가 더 많이 배가 성장할 뿐만 아니라 새로운 교회가 더 세워져야 한다. 모든 지역의 모든 사람이 복음화되려면 그들에게 적합한 교회를 지금보다 훨씬 더 많이 세워야 한다.

셋째, 교회 개척은 교회 성장을 위한 성경적이고 실제적인 수단이다. 주님이 세우신 교회가 음부의 권세를 이길 수 있는 이유는 새로운 교회가 새로운 땅에서 계속 세워지기 때문이다. 현실적으로도 교회 개척이 많이 일어나는 곳에 전반적인 교회 성장의 열매가 더 많이 나타난다. 건강한 교회는 세포분열이 지속되어 숫자가 많아져야 한다. 건강한 교회는 혼자 덩치를 키우는 것이 아니라 새로운 지역에 자신을 닮은 자식교회를 많이 세우는 교회다. 기존 교회의 갱신만으로는 만족스럽고 충분한 교회 성장을 기대할 수 없다. 낡은 부대를 수선하는 것도 가능하지만, 가장 효과적인 것은 새 부대를 만드는 것이다. 마치 죽은 사람을 살리는 일보다 어린아이를 낳아 키우는 일이 더 쉬운 것과 같다. 새로운 교회는 오래된 교회보다 몇 배 더 큰 성장률을 올릴 수 있다.

넷째, 교회 개척은 교단적 성장을 위한 최선의 전략이다. 성장하는 교단들은 예외없이 교회 개척을 강조한다. 해외 선교사를 파송할 때도 선교지에서 가급적 많은 교회를 세우도록 격려한다. 미국의 가장 큰 교단인 남침례교단과 하나님의성회 등은 그런 정책으로 교단을 성장시키고 있다. 남침례교단의 경우 개척을 지원하는 프로그램이 아주 잘 마련되어 있다. 그 결과 매년 20퍼센트 이상의 성장을 경험한 때도 있었다. 하나님의성회가 교단별 성장률이 항상 최고 수준인 이유는 공격적인 교회 개척에 집중하기 때문이다. 개교회든 교단이든 전체적인 성장을 추구한다면 기존 교회가 성장하는 것보다는 새로운 교회를 많이 세우는 것이 훨씬 더 효과적이다.

다섯째, 교회 개척은 기존 교회에 건전한 도전과 자극을 준다. 이미 교회가 있는 지역에 새로운 교회들이 경쟁적으로 세워지는 현상이 꼭 바람직한 것은 아니다. 다만 새로운 교회가 세워지면 그 지역에 종교적 관심이 고조된다. 이것이 적절하게 다루어지면 기존 교회들에게도 유익하다. 이른바 종교적 각성(Religious Consciousness)이 일어나는 것이다. 유명한 교회 개척 학자인 오브리 말퍼스(Aubrey Malphurs)에 의하면, 새로운 교회는 기존 교회들보다 더 전도를 열심히 하고, 더 빨리 성장하고, 지도자에 대한 신임도 더 빨리 얻을 수 있다고 한다.

"먹이를 잘 주는 목자의 양은 누구도 훔쳐 갈 수 없다"는 말이 있다. 새로운 교회가 탁월하게 성장하면 기존 교회에서는 잠에서 깨어나려는 시도를 한다. 주님이 세우시는 개척교회는 그 교회뿐 아니라 주위 다른 교회에도 복되다.

여섯째, 교회 개척은 영적 지도자를 배출하는 기회가 된다. 수많은 목회자, 특히 부교역자들은 새로운 교회 개척을 위해 파송됨으로써 더욱 성장하는 영적 지도자가 될 수 있다. 목사가 남아도는 현상은 교회 개척으로 해결할 수 있다. 목회자뿐 아니라 평신도 리더십도 개발된다. 교회 개척은 그 지역 비신자들의 영혼 구원이라는 일차적 기능과 함께 이미 믿는 신자들을 리더로 재생산하는 이차적 기능도 한다. 개척교회는 평신도들에게 보다 많은 사역과 지도력 개발의 기회를 제공한다. 그 결과 그리스도의 몸된 교회 전체가 큰 유익을 얻는다. 생명이 있다면 재생산이 있어야 한다. 교회는 생명체다. 탄생과 양육과 재생산은 우리를 계속 자라게 하며, 교회의 본질적인 목적과 사명에 초점을 맞추게 한다.

일곱째, 교회 개척은 다양한 계층의 새로운 필요를 채워 준다. 갈수록 다양해지는 계층의 다양한 욕구를 채우기 위해서는 다양한 종류의 교회가 세워져야 한다. 어느 세대나 그 세대에 맞는 교회가 필요하다. 새 시대는 새로운 스타일의 교회가 있어야 한다. "하나님은 손자가 없다"는 말이 있다. 1세대 자녀가 자동으로 구원받는 것이 아니다. 한 세대만 차이가 나도 문화적 충격이 상상 이상이다. 새로운 교회의 설립으로 문화적 간격을 메울 수 있다. 점점 다양해지는 수많은 계층과 족속에 적합한 교회가 어느 때보다 시급한 상황이다.

오늘 우리의 상황은 잃은 양은 물론 울타리 안에 있는 양도 안전하지 않다. 우리 안에 있는 양은 20마리도 채 되지 않고, 나머지 80마리 이상이 우리 밖에 널려 있다. 이들 중에 몇 마리는 기존 교회로 인도될 수 있다. 그러나 더 많은 양이 여전히 방황하고 있고, 우리를 떠난 양은 아예 돌아오려 하지 않는다. 잃은 양이 있는 한, 교회가 너무 많다고 할 수 없다. 자신들의 문화와 욕구와 필요와 취향에 적극적으로 조정되고 준비된 교회가 많을수록 잃은 양들의 마음이 열릴 것이다. 그럴 때 하나님의 나라가 더 속히 임할 것이다.

교회 개척자라면 위와 같은 교회 개척의 신학적, 실제적 필요성을 다 알고 있을 것이다. 중요한 것은 교회를 새롭게 세우려는 개척자의 입장에서 교회 개척의 중요성을 주관적으로 확신하는 것이다. 왜 당신은 교회를 개척하려고 하는가? 앞서 말한 일곱 가지 일반적이고 상식적인 교회 개척의 중요성을 뛰어넘는 자기만의 당위성이 분명해야 한다. 성경적 당위성, 생태학적 당위성, 현장적 당위성보다 더 강력한 개척의 동기와 목적이 있어야 한다. 그런 것이 있어도 정말 힘들고 성공하기 어려운 것이 이 시대 교회 개척이다.

간단히 말해서 개척의 동기와 목적이 확실해야 그 당위성에 답을 할 수 있을 것이다. 그것은 하나님의 명령이기에, 또한 개척자의 소명이기에 교회를 개척하는 것이어야 한다. 정말 하나님의 명령으로 여기는가? 정말 하나님이 당신에게 교회를 개척하라고 하셨는가? 정말 내가 교회를 개척하지 않으면 죽을 것 같은가? 이에 대한 답을 듣는 것이 다음 장에서 다룰 내용이다.

CHAPTER 02

개척자의 자화상을 확립하라

교회 개척에서 가장 중요한 요소는 개척자 자신이다. 물론 개척하게 하시는 하나님이 절대적으로 중요하다. 그러나 현실 세계에서 교회를 실제로 개척하는 자는 인간이다. 하나님이 사람을 쓰시는 것이다. 성도들이 사전에 모여서 개척자를 초빙하더라도 새로 시작하는 교회의 모든 책임은 개척하는 목회자 자신에게 있다. 앞에서 말한 대로 하나님이 정말 개척하라고 부르셨고, 자신도 하나님의 부르심에 확신이 있는 데다, 개척을 하지 않으면 죽을 것 같다면 곧바로 실행에 옮겨야 한다. 다른 어떤 개척자의 자질과 자격보다 그 부르심과 소명의식이 절대적으로 중요하다.

교회 개척자의 일곱 가지 자질

원리적으로나 경험적으로나 교회 개척은 아무나 하는 것이 아니다. 같은 목회자라도 개척에 적합한 사람이 있다. 개척에 은사와 소질이 있는 사람도 힘든데, 개척에 부적합한 사람이 도전한다면 성공 가능성은 거의 없다고 봐야 한다. 그러므로 "나는 과연 교회 개척자인가?"라는 질문에 확신 있게 대답하는 것이 교회 개척의 첫걸음이라고 할 수 있다.

개척자의 자질 혹은 자화상에 대해서는 사람마다 주장이 다양하다. 학자의 주장보다 성경에서 교회 개척에 성공한 사도 바울의 경우를 살펴보자. 사도 바울은 성령의 인도를 받아 사람들과 함께 일하는 팀사역자였다. 예수님 역시 가장 위대한 교회 개척자이시다. 예수님은 처음부터 끝까지 섬김의 리더였다. 예수님을 닮고, 바울처럼 목회하는 개척자의 자화상은 일곱 가지다.

첫째, 믿음과 열정의 사람이어야 한다. 교회 개척이야말로 믿음의 행위다. 믿음이란 보이지 않는 것을 보는 역량이다. 하나님의 마음을 가지고, 하나님이 시키시고 약속하신 것이 이미 이루어진 것을 알고, 아는 대로 행동하는 자다. 그런 사람은 이미 그 마음에 자신이 개척하고자 하는 교회를 선명하게 그릴 수 있다. 개척은 개척자의 마음속에서부터 시작된다. 우리는 그것을 비전, 꿈, 청사진이라고 부른다. 단지 구원받고 거룩해지는 믿음 이상의 사차원적 영성을 가진 자다.

믿음의 사람, 비전의 사람은 "내가 무엇을 할 수 있을까?"라는 질문보다 "주께서 나를 통해 무엇을 하실 것인가?"라는 질문을 더 좋아한다. 믿음은 열정으로 나타난다. 개척자는 교회의 본질적 목적인 영혼 구원과 제자 훈련에 아무도 못 말리는 열정이 있어야 한다. 믿음과 열정은 내가 갖겠다고 결심하는 것만으로는 부족하다. 성령이 충만해야 한다. 성령 충만하지 않은 자가 개척하는 것은 실패를 예약하는 것과 같다. 개척자는 성령의 언어인 꿈과 비전과 열정이 죽을 때까지 식지 않아야 한다.

둘째, 기질적으로 사람을 좋아하고 사랑이 많아야 한다. 사람을 사귀거나 어울리는 것이 힘들고, 사랑을 적극적으로 표현할 줄 모르면 개척이 불가능한 것은 아니지만 실패할 확률이 높다. 왜냐하면 개척은 사람을 모으는 능력이 있어야 하기 때문이다. 외향적이며, 낯선 사람에게도 쉽게 다가가고, 관계를 쉽게 맺는 자질을 가진 자가 개척자로 적합하다. 개척자는 그가 전도하는 사람들에게 사회적으로, 교육적으로 즐겁게 받아들여지는 사람이어야 한다. 사람들의 개인적인 문제에 깊은 관심과 긍휼을 가져야 한다. 사람들을 돕는 것을 좋아하고, 기쁨으로 섬기고, 상대의 문제를 제대로 파악할 줄 아는 통찰력이 필요하다. 그런 사람을 영어로 'People-person'(피플퍼슨, 사람을 위한 사람)이라고 한다. 사람을 좋아하지 않거나 대인관계가 좋지 않은 사람이 개척하려면 메시지가 탁월하거나 기도를 많이 하는 등 단점을 극복하는 다른 요소가 반드시 있어야 한다.

셋째, 목회의 은사가 있어야 한다. 누구나 개척할 수 있지만, 성공하려면 개척의 은사가 있어야 한다. 초대교회의 사도들에게 개척의 은사가 있었다. 사도란 복음 전파를 위해서, 즉 교회를 세우기 위해서 하나님이 파송하신 자다. '사도'라는 말 자체가 '보내심을 받은 자'라는 뜻이다. 개인에게 복음을 전하고, 새로운 회중을 조직하여 교회를 세우는 사도의 모습이 바로 개척의 은사라고 할 수 있다. 사도의 은사, 개척의 은사는 믿음의 은사, 리더십의 은사와 강력하게 연결되어 있다. 여기에 전도와 설교의 은사가 가미될 때 효과적인 개척자가 될 수 있다. 목회자는 복음 전달과 교육의 소통을 위해 언어의 은사가 있어야 한다. 개척교회든 대형교회든 교회가 지속적으로 성장하기 위해서는 메시지가 좋아야 하기 때문이다. 목회, 특히 개척목회가 힘들지만 행복하다고 고백하기 위해서는 목사가 된 것, 교회를 개척하는 것이 사명 이상의 취미가 될 정도로 좋아야 성공할 수 있다. 무슨 일이든지 "좋아하면 성공한다."

넷째, 사람을 이끌고 키우는 리더십이 있어야 한다. 개척자는 은사로서의 리더십뿐 아니라 역할로서의 리더십이 있어야 한다. 엄밀하게 말하면 개척자는 '지도자형 관리자'(Leader-manager)가 되면 좋다. 지도자는 비전과 영향력 면에서, 관리자는 계획과 조직력에서 탁월함을 가진다. 지도자는 새로운 변화에 대처하는 능력이 강하고, 관리자는 변화로 말미암은 복합적 상황에 대처하는 능력이 강하다. 리더십 중에서도 상황에 따라 유연성을 가지는 '상황적 리더십'(Situational Leadership)과 사람을 주님처럼 사랑하고 섬기는 '섬기는 리더십'(Servant Leadership)이 확실하다면 교회도 세우고 사람도 세울 수 있다. 성품도 좋아야 하지만 리더는 추종자, 즉 성도를 사역자가 되도록 구비시키는 리더십(Equipping Leadership)에 탁월할수록 건강한 신약교회를 개척하고 성장시킬 수 있다. 리더란 혼자 일하는 자가 아니라 다른 사람과 함께 일하게 하는 자이기 때문이다.

다섯째, 전도와 제자 훈련에 기술과 경험이 있어야 한다. 신약교회는 영혼을 구원하고 제자를 양성하여 지역을 살리는 교회다. 그러므로 복음 전파와 제자 훈련에 대한 확신과 능력이 없으면 교회 개척을 시작하지 말아야 한다. 그리스도를 모르는 사람에게 그리스도와 개인적인 관계를 맺게 하고 공동체에 정착시키는 것이 교회 개척의 본질이요 목회의 내용이다. 그러므로 목회자 이전에 전도자의 자화상을 가지고 있어야 한다. 불신자를 전도하는 것이 곧 교회 개척이라는 목회 철학이 처음부터 확고해야 하는 것이다. 교회 개척에 머무르지 않고 계속해서 양적으로 성장하고 질적으로 성숙한, 건강한 교회가 되겠다는 '성장형 사고방식'(Growth Mindset)을 정체성으로 삼아야 한다.

여섯째, 성령의 사람이 되어야 한다. 개척은 사람이 하지만 교회는 성령 하나님이 세우신다. 바울은 "나는 심었고 아볼로는 물을 주었으되 오직 하나님께서 자라나게 하셨다"고 했다(고전 3:6). 말 그대로 바울은 교회를 '심었다'(planted, 개척했다). 그리고 성령님이 성장하게 하셨다. 교회는 세상과 다른 영적 기관이다. 모든 교회는 성령님의 창조물이다. 그러므로 개척 때부터 성령이 함께하시지 않으면 모든 것이 헛수고에 불과하다. 교회의 주인이시며 교회에 생명을 주신 성령님이 역사하시는 교회가 되어야 한다. 그러기 위해서는 성령을 인정하고, 환영하고, 모셔들이고, 의지하는 삶을 살아야 한다.

성령의 삶을 살기 위해서 교회 개척자는 끈질긴 기도의 사람이 되어야 한다. 개척자의 자화상은 기도자다. 세상 기관은 기도 없이도 성공하지만, 교회는 기도가 생명이다. 현실적으로 교회 개척에서 가장 중요한 헌신은 집요하고 끈질긴 기도의 사역이다. 사생결단의 기도를 할 수 없다면 개척을 하지 않는 것이 좋다.

일곱째, 가족을 책임지는 자가 되어야 한다. 가정이 실패하면 사업도 목회도 실패한다. 교회 개척은 가족의 협조와 이해가 절대적으로 필요하다. 개척자는 배우자와 함께 소명을 받아야 하고, 자녀들의 수용과 이해가 있어야 한다. 모든 사역자의 기본은 자기 집을 잘 다스리는 것이다. 개척자 가정에는 장단점이 있다. 단점은 가족을 위해 시간을 충분히 낼 수 없고, 특히 배우자에게 감당하기 어려운 도전이 된다.

반면 장점은 교회 개척이 가족 모두의 작품이 되고, 가족 자체가 하나님의 아름다운 제사가 될 수 있다. 인간적으로는 힘들고 괴로운 일이 많지만 건강한 교회를 세우는 개척자의 가정은 일반 가정이 경험하지 못하는 엄청난 영적 축복을 누릴 기회가 생긴다. 다만 개척자는 자기 가족의 생활을 책임지는 일, 특히 경제적인 부담에서 큰 어려움이 없도록 목회와 가정 사역을 잘 조화시키는 태도와 기술을 가지고 있어야 한다. 궁극적으로는 주님과 교회를 위해 가정이 희생되었다면 가정을 창조하신 하나님이 확실하게 보상해 주실 것을 믿어야 한다.

지금까지 개척자의 일곱 자화상을 살폈다. 비전가, 호인(好人), 목회자, 지도자, 전도자, 기도자, 그리고 가장(家長)이라는 정체성에 흔들림이 없는 자가 교회 개척자가 되어야 한다. 물론 이 모든 것을 완벽하게 갖춘 사람은 거의 없다. 자질과 자격이 부족하더라도 주님이 시키시면 교회를 개척할 수 있다. 말 그대로 원리와 원칙을 철저하게 따라 인내와 끈기를 가지고 매진하면 성공이 아닌 충성을 원하시는 하나님의 복을 받을 것이다.

그러나 현실적으로 절체절명의 상황에서 건강한 신약교회를 세우려면 앞에서 강조한 것처럼 '퓨처 처치'의 비전을 가지되, 강력하고도 명확한 '퓨처 셀프'가 되는 것이 가장 중요하다. 그 비전에 전심전력 헌신하고 전념하면 간절히 바라는 교회를 개척하고 성장시킬 수 있을 것이다. 피터 와그너는 "교회를 성장시키려면 목사가 성장을 간절히 원해야 하고, 그 성장을 위해서 기꺼이 대가를 지불해야 한다"고 했다. 그리고 다른 어떤 것보다 믿음과 리더십의 은사가 확실할 때 반드시 성장형 목회자(Growth Pastor)가 될 수 있다.

CHAPTER 03

교회의 비전을 분명히 하라

교회 개척의 필요성을 절감하고, 개척자의 자화상을 확립했다면 이제 자기가 개척할 교회의 그림, 즉 비전을 그려야 한다. 개척의 중요성과 개척자의 정체성을 알고 있다고 해서 교회 개척이 이루어지는 것이 아니다. 개척이 실행되려면 나만이 목회할 수 있는 교회의 모습이 명확해야 한다. 한마디로 교회 개척은 비전의 결과다. 비전이 없다면 아무리 개척의 필요성과 중요성이 강력해도, 또 아무리 개척자로서 손색이 없을지라도 개척하지 말아야 한다. 왜냐하면 하나님이 부르시지도, 시키시지도 않았을 확률이 높기 때문이다.

하나부터 열까지 비전에 집중하는 교회

비전이란 사명, 목적과 동의어이지만 조금 다를 수 있다. 사명과 목적은 어떤 행위의 궁극적인 목표다. 그러나 비전 혹은 핵심 가치는 그 방향과 목적을 구체적으로 표현한 것으로서 전략적인 면을 포함하고 있다. 릭 워렌은《목적이 이끄는 교회》에서 목적과 비전을 동일시했다. 그는 "우리의 비전은 예수 그리스도의 제자를 키워 내는 것이다"라고 했다. 그 비전을 이루기 위해서 그는 예수님의 대계명(사랑하라)과 대명령(전도하라)에 기초하여 다섯 가지 핵심 가치 혹은 목표를 세웠다. 바로 예배/찬미(magnify), 봉사/사역(ministry), 전도/선교(mission), 교제/소속(membership), 양육/성숙(maturity)이다. 그는 이 5M에 집중하는 교회를 만들고, 다음과 같은 비전 선언문(Vision Statement)을 만들었다.

"사람들을 그리스도께로 인도하여 그의 가족에 소속하게 하고, 그들을 그리스도를 본받는 성숙에 이르게 하며, 그들을 교회에서 사역하고 세상에서 선교하도록 준비시킴으로 우리는 하나님의 이름을 찬미한다."

최근 한국에서 교회 개척 운동을 펼치고 있는 홍민기 목사는 지난 5년간 동료 후배들과 함께 26개의 교회를 개척했다. 그는 《플랜팅 시드: 교회를 심는다》에서 라이트하우스 무브먼트(Lighthouse Movement)를 소개하면서 그들의 비전 선언문과 핵심 가치를 소개했다. 공동체 고백으로 매주 성도들과 함께 읽는 비전 선언문은 다음과 같다.

"주님은 빛이십니다. 저희도 어두운 세상의 빛이 되게 해

주소서. 사회와 교회에 한 줄기 빛을 비추는 공동체 되게 하소서. 주여, 나의 마음과 몸을 주님께 드립니다. 나에게 주어진 것이 내 것이 아님을 깨닫게 하시고, 헌신하여 이 땅에 하나님 나라를 이루게 하소서. 주님은 우리의 목자이십니다. 양이 목자를 떠나 살 수 없듯이 우리도 주님을 떠나 살 수 없습니다. 주님께 순종하는 삶이 가장 안전하고 완전한 삶입니다. 이제 세상으로 나아가 예수 그리스도의 주인 되심을 선포하는 삶이 되게 하소서. 아멘."

공동체 고백에 따른 라이트하우스의 핵심 가치는 영어 LIGHT(빛)의 머리글자로 요약된다.

1 Lordship	오직 주님만이 주인이십니다. 이 고백이 우리의 가치관과 삶의 모든 영역에서 드러나기를 열망합니다.
2 Inspiration	성령의 강한 임재를 사모하며 신령과 진정으로 예배드립니다.
3 Generate	교회는 성도를 세우고 성도는 자신이 살아가는 자리에 교회를 세웁니다.
4 Hope	긍휼과 선교에 재정을 우선 지출하여 소망을 주는 공동체가 됩니다.
5 Transformation	우리의 끊임없는 변화가 교회와 세상의 변혁으로 이어집니다.

교회 개척자는 이처럼 자기가 개척하고 목회할 교회의 모습을 비전 선언문과 핵심 가치로 요약해서 그 비전에 집중해야 한다. 비전을 날마다 생각하고 꿈꾸고 움직여야 한다. 아울러 비전을 따르는 모든 사람에게 총체적으로 전달해야 한다. 상징과 구호와 이야기와 행동지침으로 전달해야 한다. '우리 교회의 비전'이라는 제목으로 똑같은 설교를 1년에 한 번씩 할 수도 있다. 비전을 의식화하고 생활화하기 위해서는 2백 번 이상 반복해야 한다는 과학 실험이 있다. "이것이 바로 우리 교회가 존재하는 이유입니다"라고 말할 수 있어야 한다. 그리고 비전을 실제 목회에 적용하고 교회를 조직해야 한다. 비전을 새신자에게 소개하고, 그에 맞는 프로그램을 개발해야 한다. 비전에 맞는 사역팀을 만들고 사람을 써야 한다. 비전에 따라 설교하고, 예산을 세우고, 시설을 마련하고, 행사를 진행해야 한다.

자기만의 특별한 비전을 만들기 어렵다면 이 책에서 소개하는 '신약교회'의 비전을 따라갈 것을 권한다. Part 2에서 소개한 일곱 가지 신약교회의 자화상 혹은 정체성을 그대로 따라가는 것이다. 그 내용을 한 줄 표어로 요약한다면 '영혼을 구원하고 제자를 세우는 신약교회'가 될 것이다. 아니면 Part 3의 서론에서 언급한 '내가 다시 개척한다면 세우고 싶은 교회의 세 가지 방향'을 참고해도 좋다.

개척교회는 비전의 열매다

교회 개척 비전은 내가 개척할 교회의 유형 혹은 모델을 선택하는 것으로도 만들 수 있다. 첫째, 가정교회(House Church)다. 소규모 가정에서 모이는 친밀한 공동체로서 건물 중심이 아니라 삶 속에서 신앙을 나누고 성도들이 적극적으로 사역에 참여하는 교회다. 둘째, 선교적 교회(Missional Church)다. 단순히 예배드리는 교회가 아니라 지역사회를 적극적으로 섬기고 교회가 선교적 공동체가 되어 나가서 전하는 교회다. 셋째, 온라인 디지털 교회(Online Church)다. 인터넷과 SNS를 활용하고 메타버스와 유튜브, 줌 등의 플랫폼을 교회로 삼는다. 넷째, 공동체 기반 교회(Community-based Church)다. 특정한 관심사, 예를 들어 환경이나 예술이나 사회 봉사를 중심으로 다양한 배경을 가진 사람들이 쉽게 참여할 수 있다. 다섯째, 다중 사이트 교회(Multi-site Church)다. 한 교회가 여러 장소에서 예배를 드리고 온라인과 오프라인을 동시에 운영한다. 여섯째, 바이보컬 교회(Bi-vocational Church)다. 목회자가 다른 직업을 가지면서 다양한 삶의 경험을 통해 성도들과 소통하며 자급자족하는 교회다.

가장 중요한 것은 비전의 내용보다 개척자와 개척팀이 그 비전을 온전히 소유하는 것이다. 대부분 교회 개척의 비전은 성경적으로나 실재적으로 적절하며 바람직한 것들이다. 개척하기 전에 얼마나 생각하고 연구하고 노력했을지 짐작할 만하다.

대개 개척교회들의 비전은 더 이상 좋을 수 없을 정도로 이상적이다. 너무 이상적이어서 실현 가능성이 없다고 느낄 정도다. 그러나 아무리 좋은 비전과 핵심 가치일지라도 그것의 실현이 중요하다. 그 실현 방법이 바로 Part 1에서 말하는 '퓨처 처치' 혹은 '퓨처 셀프'의 원리다. 기도하고 연구하고 토론하여 만든 개척 비전을 Part 1의 일곱 가지 단계를 통해 내 것으로 만들어야 한다. 먼저 되어야(being) 행동하게 되고, 행동해야(doing) 내 것이 되어, 실현되는 것이다(having). 그러므로 이 단계에서 다시 Part 2의 '개척자의 자화상을 확립하라'를 복습하고, Part 1로 돌아가라. 개척교회는 실제 교회를 세우기 전에 개척자와 개척팀의 마음속에 이미 존재해야 한다. 개척교회는 비전의 열매다.

CHAPTER 04

성경적 전략을 연구하라

교회 개척의 교과서는 성경이다. 성경적인 교회 개척은 사도적, 성육신적, 선교적이어야 한다. 사도적 교회 개척은 사도들이 사용한 원리와 방법을 전략적으로 적용하는 것이다.

사도들의 교회 개척은 어땠을까

양현표 교수는 《교회 개척을 논하다》에서 사도적 교회 개척의 특징을 다섯 가지로 요약했다. 첫째, 사람들 즉 회중 가운데 교회를 세우는 것이다. 교회는 사람이다. 사람이란 비신자다. 사도들은 건물을 짓고 사람이 오기를 기다리는 대신 사람이 있는 곳을 찾아갔다. 둘째, 복음 전도를 통한 교회 개척이다. 교회 개척과 복음 전파는 동의어다. 사도들은 예수 그리스도를 말함으로 교회를 개척했다. 사도들은 와서 보라고 하지 않고 가서 복음을 증거했다. 셋째, 하나님 나라를 확장하는 교회 개척이다. 지역 한두 교회의 비대(肥大)가 아니라 하나님 나라의 확장이라는 선교적 교회를 세웠다. 넷째, 지역과 마을에 교회를 세우는 것이다. 사도들이 세운 교회는 그 지역에서 고립된 외딴섬이나 높은 담을 쌓은 성이 되는 대신 지역에 토착화된 교회였다. 다섯째, 이식과 창조의 교회 개척이다. 사도들은 무분별한 이전과 복제가 아니라 현장에서 살아남는 교회를 개척했다.

이밖에도 성경적 혹은 사도적인 교회 개척에 대해서는 데이빗 쉔크(David W. Shenk)와 얼빈 슈트츠만(Ervin R. Stutzman)이 쓴《초대교회 모델을 따라 교회를 개척하라》와 크레이그 오트와 진 윌슨이 지은《온 세상을 향한 교회 개척》이 도움이 될 것이다. 이들은 초대교회 사도들이 세운 교회에 열세 가지 특징이 있다고 말한다. 그것들은 메시지, 기도, 팀, 비전, 성령, 회중, 문화, 사람, 제자 훈련, 리더십, 협력, 재정, 그리고 선교하는 개척 교회다.

특별히 크레이그 오트와 진 윌슨은《온 세상을 향한 교회 개척》에서 복음 전파, 제자 훈련, 토착화, 그리고 재생산을 넘은 배가 성장(multiplication) 등이 사도들이 교회를 개척하는 데 가장 심혈을 기울인 요소라고 주장한다. 사도란 말 그대로 한곳에 머무는 사역자가 아니다. 한 지역에 교회를 세우고 현지 리더들에게 맡긴 후 또 다른 곳으로 가서 교회를 세우는 임무에 전념한 자들이다. 그들은 책에서 사도행전에 나타난 사도들의 교회 개척 원리를 열 가지로 요약했다.

첫째, 하나님이 교회를 개척하기 위해 개척자를 부르신다. 둘째, 성령님이 교회 개척을 도우시며 이끄신다. 셋째, 교회는 복음 선포와 청중의 회심을 통해 개척된다. 넷째, 새신자들이 모여 영적 공동체를 이룬다. 다섯째, 사도들은 지역의 사역자를 세운 뒤에 다른 곳으로 이동했다. 여섯째, 교회는 사도 혼자가 아닌 팀에 의해 개척된다. 일곱째, 교회 개척을 통해 모집된 새 동역자들이 선교를 확장시킨다. 여덟째, 바울과 그의 동역자들은 전략적으로 교회를 개척했다. 아홉째, 항상 성령의 초자연적 인도가 전략적 계획보다 우선한다. 열 번째, 새로 개척된 교회는 기존 교회와 교류하고 협력한다.

사도행전 16장을 통해 본 교회 개척의 원리와 전략

성경적인 교회 개척을 실제적으로 보여 주는 가장 확실한 성경 본문은 사도행전 16장이다. 이 장은 바울이 빌립보교회를 개척하는 전 과정을 소상하게 기록하고 있다. 바울과 그의 개척팀이 빌립보교회를 개척하고 성장시킨 원리와 전략은 시간과 공간을 초월해서 적용할 수 있다. 그야말로 성경적 교회 개척 전략이다. 바울과 함께한 실라, 디모데, 누가 같은 개척팀이 함께한다면 오늘날 어떤 어려운 상황에서도 성공적인 교회 개척이 가능할 것이다. 빌립보교회는 그 교회 하나로 끝나지 않았다. 그 도시 안에도 여러 개의 다른 교회를 개척해 확장했다. 빌립보서 1장 1절에서 바울은 빌립보에 사는 성도와 '감독들'에게 편지한다고 했다. 교회의 담임목사 격인 감독들이 복수로 표현된 것이다.

사도행전 16장에는 오늘날도 적용 가능한 교회 개척의 일곱 가지 전략이 숨어 있다.

첫째, 개척팀을 만들라(1-5절). 바울은 혼자가 아니었다. 그는 늘 성령 및 인간 동역자와 함께 사역했다. 여기서 바울은 가장 충성스러운 파트너요 제자인 디모데와 환상의 콤비를 이룬다. 두 사람은 상호보완적 관계였다. 바울이 지도자로서 영성이 탁월했다면, 디모데는 관리자로서 기술이 뛰어났다. 효과적인 팀이 되려면 목회철학이 같아야 하고, 은사가 상호보완적이어야 하며, 서로 간에 충성심이 있어야 한다. 비전과 은사와 성품 이 세 가지는 효과적인 개척팀의 필수 요소다. 바울과 디모데는 당시의 타문화권 선교에 적합한 다문화적 배경도 확실했다.

둘째, 성령의 인도를 받으라(6-10절). 초대교회의 개척과 성장은 성령님이 주도하셨다. '성령이 아시아에서 말씀을 전하지 못하게 하셨다'(6절)는 구절은 복음 전파와 교회 개척의 주체가 사람이 아닌 성령 하나님이심을 말해 준다. 그러므로 개척자와 그 팀은 성령의 인도와 충만과 지배를 받아야 한다. 바울이 계속 인간적으로 애쓸 때 다시 '예수의 영이 허락하지 아니하셨다'고 했다(7절). 성령님은 교회 개척의 동기와 목적과 장소와 대상까지도 관여하신다. 성령 충만한 개척자를 VIP 목회자라고 부른다. V는 비전(vision), I는 적극적인 관계성(involvement), 그리고 P는 끈질긴 인내심(persistence)이라고 할 수 있다.

셋째, 개척 상황에 잘 적응하라(11-15절). 바울과 그의 팀은 빌립보에 도착했을 때 수일을 머물면서 지역조사를 했다. 그 결과 그곳에 이미 하나님을 경외하는 경건한 사람들, 그중에서도 특히 "자색 옷감 장사로서 하나님을 섬기는 루디아라 하는 한 여자"(14절)를 만났다. 루디아와의 만남은 획기적인 사건이다. 회당이 없던 빌립보에서 루디아의 집이 가정교회의 시작점이 되었다. 루디아는 기도하는 자, 재력이 있는 자, 성령의 감동이 있는 자, 영적으로 갈급한 자, 사랑과 사역에 적극적인 자의 특징을 다 가지고 있었다. 오늘날도 그런 사람을 개척팀의 일원으로 삼아야 한다. "자원은 추수밭에 널려 있다"는 말처럼 루디아와 같은 기존 신자는 물론 간수와 같은 새신자들이 교회 개척의 결정적인 후원자가 될 수 있다.

넷째, 교회 개척이 영적 전쟁임을 자각하라(16-18절). 교회 개척은 하나님이 가장 기뻐하시는 일이지만, 동시에 사탄이 가장 미워하는 일이다. 17절에 점치는 귀신 들린 여종이 바울을 괴롭혔다. 개척에는 항상 방해꾼이 기다린다. 그러나 반발이 있는 것이 정상이라고 생각해야 한다. 이 문제를 해결하기 위해서는 바울 팀이 한 것처럼 기도와 중보를 최우선으로 삼아야 한다. 기도 결과 하나님이 손을 보시도록 할 때, 즉 기적과 표적이 일어날 때 사람들은 두려움과 경외감으로 목회자의 영적 권위에 순복하게 될 것이다. 특히 개척 초기에는 초자연적 역사가 나타나야 영적 전쟁에서 우위를 점할 수 있다.

다섯째, 본격적인 핍박에 대비하라(19-24절). 바울과 그의 팀을 핍박한 자들은 경제적인 이익이 끊어지는 것을 두려워했다. 오늘도 교회 개척에 본격적으로 반대하고 방해하는 세력이 반드시 있다. 지역적인 전통과 민속신앙으로 핍박을 받을 수도 있다. 결국 바울 팀은 매 맞고 감옥에 갇혔다. 오늘도 교회를 개척하고 복음을 전하다가 세상 법정에서 고난당할 수 있다. 교회 개척과 목회는 바울의 고백처럼 "그리스도의 남은 고난을 그의 몸된 교회를 위하여 내 육체에 채우-"(골 1:24)는 일이다. 한국교회가 세계적으로 성장했을 때 그 원인을 5P로 요약했는데 (Persecution 핍박, Prayer 기도, Praise 찬양, Preaching 설교, Propagation 전도), 그 첫 번째가 바로 핍박이었다.

여섯째, 영적 승리를 확신하라(25-34절). 교회 개척은 일확천금이 아니다. 교회 개척은 시간이 걸리고 인내를 요하는 일이

성공은 얼마나 성경대로 하느냐에 달려 있다.

다. 감옥의 고난 가운데 바울 일행은 가장 고통스러운 시간을 보냈다. 인간이 가장 무력할 때 하나님이 일하신다. 초자연적 기적으로 간섭하신다. 오늘의 개척과 목회에도 기적을 기대해야 한다. 성령이 역사하면 방해자가 후원자가 되고, 원수가 친구가 된다. 간수가 빌립보교회 1호 새신자가 되었다. 교회 개척은 반드시 승리한다. 왜냐하면 성령 하나님이 주도하시기 때문이다.

일곱째, 균형 있는 목회를 추구하라(35-40절). 교회 개척과 목회에는 받아야 할 고난과 피해야 할 고난이 있다. 필요한 고난은 감수하고 견뎌야 한다. 그러나 불필요한 고난은 물리쳐야 한다. 억울한 일이 있을 때는 정정당당히 자기 권리를 주장할 수 있어야 한다. 바울이 불법으로 심문을 당했을 때, 로마 시민권을 사용하여 보상받고 사역을 획기적으로 확장할 수 있었다. 바울은 아무리 좋은 결과가 있어도 한곳에 머무르지 않고, 떠날 때는 망설이지 않고 떠났다. 그는 진정한 교회 개척자였다. 바울은 지역교회의 비대화가 아닌 하나님 나라의 성장을 궁극적인 퓨처 처치로 보았던 것이다.

이상 사도행전 16장 한 장만 잘 연구해도 진정한 성경적 교회 개척의 원리와 전략을 배울 수 있다. 오늘의 개척 현장에 잘 적용할 때 21세기 교회 개척에 1세기 초대교회 못지않은 성과가 나타날 것이다. 성공은 얼마나 성경대로 하느냐에 달려 있다.

CHAPTER **05**

교회 개척팀을 확보하라

교회 개척을 위해서는 4P, 즉 목적(purpose), 계획(plan), 사람(people), 능력(power)이 준비되어야 한다. 이 중에서 가장 중요한 것이 사람이다. 목적도 계획도 능력도 다 사람을 통해서 이루어지기 때문이다. 사람이란 개척자(목사)와 개척팀(성도)을 말한다. 성공적인 교회 개척이 이루어지려면 개척자가 가장 중요하고, 그 개척자를 돕는 팀이 확실해야 한다. 모든 일이 마찬가지이겠지만, 교회 개척이야말로 혼자 할 수 없다. 예수님도, 사도 바울도 팀으로 사역했다. 그러므로 개척자는 예수님과 바울을 본받아 최소 열두 명 이상의 개척팀이 준비될 때 교회를 시작하는 것이 바람직하다.

핵심멤버, 창립멤버, 후원멤버 꾸리기

아무리 하나님을 전적으로 의지한다고 해도 개척자 혼자서 혹은 가족만으로 교회를 시작하는 것은 거의 불가능하다. 흔히 말하는 '맨땅에 헤딩' 개척이 칭찬받아 마땅한 자세이지만, 실제 개척 현장에서 개척자는 두려움과 외로움의 포로가 되기 쉽다. 교회를 세우는 것 혹은 목회를 한다는 것은 사람을 대상으로 하는 일이다. 그러므로 사람과 함께하지 않으면 교회 설립은 불가능하다. 단 몇 명이라도 목숨을 거는 개척팀이 마중물이 되어야 작은 교회라도 시작할 수 있다. 그러므로 교회 개척자는 할 수만 있다면 개척팀을 준비해야 한다.

개척팀은 세 단계 혹은 세 그룹으로 분류할 수 있다. 첫째, 핵심멤버(Core Member)다. 개척자와 모든 것을 함께하고 나눌 수 있는 몇 사람이다. 적게는 예수님의 수제자처럼 서너 명이고 조금 많게는 열두 명에서 스무 명 정도의 직계 제자들이다. 이 그룹은 교회 개척이라는 공통의 목적과 비전에 이견이 없는 최측근이다. 개척자가 아는 지인, 이전 교회의 신실한 성도로 구성될 수 있지만, 개척자가 직접 전도해서 양육한 사람들로 삼는 것이 가장 이상적이다. 쉽지 않겠지만 어설픈 기신자보다는 오히려 비신자가 개척팀이 되는 것이 장기적으로 훨씬 유익하다는 것은 모든 개척자의 공통적인 고백이다. 이들 핵심멤버는 거의 매일 만나거나 소통하는 관계가 되어야 한다.

둘째, 창립멤버(Founding Member)다. 6개월에서 1년 정도 본격적으로 교회 창립을 준비할 때 도움을 받는 사람들이다. 핵심멤버는 아니더라도 이들은 앞으로 개척할 교회에 소속되어 신앙생활을 한다. 또 핵심멤버와 기도하면서 결정한 것을 실행하는 데 참여한다. 핵심멤버가 개척자가 직접 확보한 사람들이라면, 창립멤버는 핵심멤버와 연결되어 추가적으로 참여하는 사람들이라고 할 수 있다.

셋째, 후원멤버(Supporting Member)다. 교회 설립에 직접 참여하지 않더라도 창립 예배뿐 아니라 어느 정도 예배 인원이 될 때까지 참여함으로 돕거나, 재정적으로 헌금할 수 있다. 지속적으로 기도하는 중보자들이 여기에 해당한다. 이렇게 핵심멤버, 창립멤버, 후원멤버로 구별해서 개척 준비를 하면 개척 후의 목회까지 조직화, 체계화되어 보다 효율적으로 교회를 운영해 나갈 수 있다.

어떤 사람을 개척팀으로 삼을 것인가

개척팀을 구성하기 위해서는 충분한 기도와 최선의 방법을 찾아야 한다. 먼저 주님께 추수할 일꾼을 보내 달라고 기도해야 한다(마 9:38). 교회 개척이 하나님의 뜻이라면 반드시 동역자를 보내 주실 것이다. 기도할 때는 구체적인 목표와 기한을 작정하

개척자의 비전과 목회철학에 동의하고
한마음이 된 사람을 택해야 한다.

여 금식하며 부르짖어야 한다. 열두 명의 동역자를 주지 않으면 개척할 수 없다고 배수진을 치고 기도하라. 기도와 함께 최선을 다해 사람을 찾고 확보해야 한다. 개척팀을 확보하는 일반적인 방법은 다양하다. 모교회의 일부 성도를 분봉받는 방법에서부터 가정에서 성경공부 시작하기, 개척할 지역을 가가호호 찾아다니며 전도하기, 전도집회와 같은 행사로 사람을 모으기, 우편이나 SNS를 통해 홍보하기, 지인들에게 직접 연락하기 등을 통해 개척에 함께할 사람을 모을 수 있다.

접촉하여 응답하는 모든 사람을 다 개척팀으로 삼을 수는 없다. 준비되고 훈련되고 검증된 사람들을 개척팀으로 삼아야 한다. 나머지는 개척과 함께 예배에 참여하거나 후원자가 되어주는 것으로 만족하라. 핵심 개척팀을 누구로 확보하느냐가 그 교회의 미래를 결정하기 때문이다. 개척자 입장에서는 한 사람이 아쉽다. 사람을 가려 선택한다는 것이 말처럼 쉽지 않다. 개척자의 눈에는 찾아오는 사람 모두가 하나님이 기도 응답으로 보내 주신 사람으로 보이기 때문이다. 그렇지만 분별력을 갖고 사람을 잘 선택하여 개척팀으로 삼아야 한다. 많은 개척자가 교회가 안정되고 성장하면서 초창기 개척멤버들과 갈등을 경험한다. 그 갈등에서 헤어나오지 못해 교회가 성장은커녕 문을 닫는 경우도 왕왕 있다. 그러므로 교회를 개척할 때는 그 시작이 정말 중요하다. 개척팀은 그 교회의 색깔이 되어 장래 교회 수준과 운명을 결정한다는 것을 명심하라.

누구나 교인이 될 수 있다. 그러나 아무나 개척팀이 될 수는 없다. 개척자의 비전과 목회철학에 동의하고 한마음이 된 사람을 택해야 한다. 개척팀의 자격에 대해서는 사람마다 기준이 다르다. 적합한 개척팀원을 위해 바울의 위대한 동역자인 바나바를 지칭하여 정리한 '바나바적 8대 요소'가 있다. 첫째, 주님과 동행하는 사람, 둘째, 좋은 성품을 가진 사람, 셋째, 지역 교회를 섬기는 사람, 넷째, 신실한 소명의식이 있는 사람, 다섯째, 정기적으로 전도하는 사람, 여섯째, 다른 사람을 세워 주는 사람, 일곱째, 온유한 언행이 있는 사람, 여덟째, 갈등과 분열에 대해 긍정적으로 반응하는 사람이다.

모든 것에 원만한 사람이라는 의미의 'FAT people' 개념도 재미있으면서 실용적이다. 충성된 사람(faithful), 언제든지 도움을 줄 수 있는 사람(available), 가르침을 잘 받는 사람(teachable)이 그것이다. 이 세 가지만 확실해도 개척팀으로 충분할 것이다. 3C로 요약되는 사람도 마음에 와닿는다. 진실된 성품(character), 전적인 헌신(commitment), 탁월한 능력(competency)의 세 가지로 분별할 수 있다.

실제 개척과 목회를 하며 사람을 다룬 경험에 의하면, 목사에게 가장 도움이 되는 사람은 다음과 같다. 첫째, 믿음은 부족해도 의리가 있는 사람, 둘째, 매사에 순종적이고 긍정적인 사람, 셋째, 재정적 여유가 있어 물질로 헌신하는 사람, 넷째, 싫은 소리를 들어도 끝까지 충성심을 잃지 않는 사람, 다섯째, 언제 불러도 접촉이 가능하고 응답이 확실한 사람이다.

개척팀 확보 전략

아무것도 없는 개척자가 이렇게 좋은 사람을 만나기란 결코 쉽지 않다. 너무 이상적이라고 할 수 있다. 그렇다고 포기할 수는 없다. 개척이 하나님의 뜻이요 내가 받은 소명이라면 하나님은 반드시 사람을 붙여 주신다. 아무 준비 없이 갑자기 개척을 시작해도 몇 사람은 허락하신다. 그러나 이왕이면 핵심 개척팀은 충분한 기도와 분별의 시간을 가지고 선별할 필요가 있다. 예수님도 열두 제자를 택하실 때 많이 기도하시고 확신이 있는 사람을 개별적으로 부르셨다. 제자들이 먼저 좋다고 따라간 사람은 하나도 없다. 주님이 현장에서 영적 통찰력을 가지고 앞으로 훈련하면 목숨까지 바칠 만한 사람들을 제자로 부르신 것이다.

내가 쓴 《교회 개척의 원리와 전략》에서 언급했던 개척팀을 확보하기 위한 전략 일곱 단계를 다시 인용해서 요약하면 다음과 같다.

> 첫째　충분히 기도하고 금식하며 찾으라.
> 둘째　개인 전도와 소그룹 성경공부를 시작하라.
> 셋째　개척 준비팀으로 발전시키라.
> 넷째　중보기도팀을 확보하라.
> 다섯째　재정 후원팀을 확보하라.
> 여섯째　팀원을 관리하고 훈련하라.
> 일곱째　모교회나 교단과의 관계를 고려하라.

총신대학교의 양현표 교수는 개척팀을 준비하는 과정에 네 가지 후원그룹을 확보할 것을 제시했다. 물품 후원그룹, 인력 후원그룹, 기도 후원그룹, 멘토 후원그룹이다. 여기서 멘토 후원그룹이 독창적이다. 대부분 개척자들이 생각하지 못하고 소홀히 하는 부분이라고 생각한다. 교회 개척자는 혼자가 되지 않아야 한다. 개척 경험자들, 즉 선배 몇 명을 멘토로 삼아 수시로 찾아가 국밥 한 그릇 먹으면서 어려움을 토로하고, 필요한 격려와 비결을 전수받을 수 있는 지혜가 있어야 한다.

큰 교회에서 분립개척을 하거나 본인이 재정이 풍성하여 교회 건물부터 짓고 개척하는 극히 소수의 개척자 외에 대다수 개척자는 돈과 사람 없이 개척에 맞닥뜨린다. 돈과 사람이 있어도 힘든 것이 교회 개척이다. 하나님이 계시고 믿음이 있더라도 교회 개척은 진정 현실적이다. 하나님의 도우심이 아무리 크더라도 인간 개척자가 제대로 준비되지 않으면 개척은 성공할 수 없다. 교회 개척은 궁극적으로 하나님이 하시지만, 현실적으로 사람이 수행하는 일이다. 모든 것이 하나님에게 달려 있는 것처럼 기도하고 믿어야 한다. 그러나 모든 것이 나에게 달려 있는 것처럼 내가 책임을 지고 힘써야 한다. 하나님의 주권과 인간의 책임이 신비로운 조화와 파트너십을 이루는 것이 바로 교회 개척이요 목양이다.

그러나 돈도 사람도 없이 개척하는 방법이 있다. 바로 가정교회식 교회 개척이다. 한 사람 두 사람 개인적으로 전도해서 내가 사는 집에 초청하여 소그룹 목장으로 시작하는 것이다. 그 목장이 부흥하여 몇 개의 목장으로 분가할 때 자신감과 확신을 가지고 그 사람들과 함께 장소를 빌리거나 임대하여 건강한 신약교회를 본격적으로 시작하는 것이다. 그 실제적인 방법론이 바로 다음 장에서 집중적으로 다룰 내용이다.

CHAPTER **06**

실제적 개척 준비에 돌입하라

교회 개척의 가장 확실하고 강력한 준비는 뭐니뭐니해도 사람을 확보하는 것이다. 앞에서 말한 개척팀 구성원을 가능한 한 많이 모아야 한다. 개척팀의 세 그룹, 즉 핵심멤버, 창립멤버, 후원멤버를 단계별로 겹겹이 모아서 교회 창립할 때 적어도 30-50명 정도를 만들 수 있다면 개척 목회자의 경제적 자립은 물론 건강하고 성경적인 신약교회를 지속적으로 이룰 수 있을 것이다. 여기서 30-50명이란 창립예배에 참석하는 숫자를 가리키는 것이 아니다. 창립예배 이후에도 계속해서 모일 수 있는 실제 소속 교인을 의미한다. 즉 창립일 때까지 그 숫자로 예비모임을 가질 수 있어야 한다. 대개 창립예배에는 개척자의 지인, 사돈의 팔촌까지 다 오기에 수십은 물론 수백 명까지 모일 수 있다. 그러나 창립예배가 끝난 바로 다음 주일에는 그 사람들이 다 사라지고 개척자 가족, 혹은 개척팀만 남는 일이 비일비재하다.

그러면 도대체 어떻게 해야 30-50명을 창립 전까지 모을 수 있을까? 한마디로 '가정교회'로 개척팀을 만드는 것이다. 앞 장에서 이야기한 대로 돈 없이, 사람 없이 개척하는 방법은 개척자 집이나 조용한 장소에서 전도하여 소그룹으로 예비 모임을 갖는 것이다. 정말 교회 개척의 사명과 은사가 있다면 비신자를 한 사람, 한 사람 전도해서 가정집에서부터 목장식으로 모임을 가지고 시작할 수 있을 것이다. 그렇게 모이다가 부흥하여 열 명이 넘으면 분가를 한다. 분가한 목장이 다시 부흥하여 또 분가하는 식으로 이어져 열 명 정도 모이는 소그룹이 3-5개 정도가 되면 그들이 개척팀 30-50명이 되는 것이다. 그런 과정을 짧게는 1년에서 길게는 3년 잡아 검증되었을 때 본격적으로 개척하는 것이 하나님께도 영광이요 본인과 교회에도 복되다.

하나님은 더 많은 교회에 목말라하신다

앞으로는 꼭 개척할 사람, 개척 목회자로 검증된 사람이 개척하여 성공률을 높여야 한국교회 전체 생태계가 살아날 수 있다고 본다. 이제는 무분별한 개척의 시대는 지났다. 신학생도 개척할 생각을 거의 하지 않는다. 기존 교회 부교역자들도 개척보다는 다른 교회 담임으로 가고 싶어 한다. 그래서 지금은 교회 개척 소식이 거의 들리지 않는다. 그렇기 때문에라도 성공적인 교회 개척이 늘어나야 한다.

　성경적 당위성과 함께 생태학적 당위성과 현실적인 당위성이 교회 개척을 요청하고 있다. 교회는 유기체요 생명체다. 그러므로 생성과 소멸의 사이클을 탈 수밖에 없다. 모든 생명 즉 유기체는 반드시 죽는다. 교회도 마찬가지다. 지상교회는 영원할 수 없다. 그 놀라운 성경의 초대교회도 지금은 사라져 없다. 역사적으로 위대한 교회도 지금은 거의 사라졌다. 한 세대 전에 이름을 날렸던 교회가 지금은 쇠퇴하거나 소멸된 것이다. 이것이 현실이다. 지상의 교회는 영원히 존재할 수 없다. 교회가 사라졌다고 낙심할 일이 아니다. 새로운 교회를 계속 세우면 된다. 팀 켈러가 말했듯이 지속적인 쇠퇴와 소멸을 막으려면 평범한 수준의 교회가 계속 개척되어야 한다. 전체로서의 그리스도의 몸이 성장하려면 공격적인 수준의 교회 개척이 필요하다.

　하나님은 한 교회가 생명을 다하여 죽으면 죽게 하시고, 대신 또 다른 새로운 교회를 세우신다. 이것이 하나님의 방법이다. 그것은 마치 한 나라의 출산 정책과 비슷하다. 아이들이 많은데 왜 또 아이를 낳아야 하느냐는 어리석은 질문을 하는 나라는 망할 것이다. 우리나라가 출산율이 너무 낮아서 걱정하는 이유는 아이를 낳지 않으면 국가가 소멸되고 없어지기 때문이다. 하나님 나라도 마찬가지다. 교회가 너무 많다고 비판하는 것은, 사람이 많은데 왜 아이를 낳아야 하느냐는 어리석은 지적과 같다.

교회는 지금도 충분히 많다. 특히 우리나라가 많은 것처럼 보인다. 그러나 하나님은 더 많은 교회에 목말라하신다. 비신자가 있는 한, 교회는 더 많아야 한다. 지금 우리나라 그리스도인 숫자는 전 국민의 4분의 1도 안 된다. 코로나 이후 가나안 성도가 많아지고, 교인이 교회를 너무 많이 떠났다. 아마도 주일에 정기적으로 출석하는 신자는 전 국민의 10퍼센트밖에 안 될지도 모른다. 그러면 90퍼센트 가까운 엄청난 사람들을 위한 교회가 여전히 필요하다. 그래서 나는 신학생이나 목사가 아닌 평신도라도 교회를 더 많이 세워야 한다고 주장한다.

가정교회에서 시작하라

돈 안 들고 평신도까지 교회를 세울 수 있는 길은 가정교회밖에 없다. 이제 교회 개척의 패러다임이 바뀌어야 한다. 최영기 목사가 엮은 《교회 개척의 새로운 패러다임》은 가정교회 개척 이야기다. 그 내용을 살펴보자.

> 교회는 지금도 충분히 많다.
> 그러나 하나님은 더 많은 교회에 목말라하신다.
> 비신자가 있는 한, 교회는 더 많아야 한다.

가정교회식 개척은 원형목장으로 시작하는 것이 중요하다. 주일예배를 시작하기 전에 관계 형성을 위해 목장에 초점을 맞추라. 개척 목회자는 기존 가정교회에서 목장을 경험할 필요가 있다. 가정교회 원조인 미국 휴스턴 서울교회의 연수까지는 아니더라도 기존 가정교회 목장을 통해서, 또 목회자와 목자 목녀 등의 면담을 통해서 많은 것을 배울 수 있다.

개척 가정교회는 일반 개척교회와 비교할 때 여러 가지 장점이 있다. 첫째, 개척팀이나 개척자금이 없어도 된다. 비신자를 전도하여 가정에서 모이면 되기 때문이다. 둘째, 비신자 전도가 더 쉽다. 교회라는 이름과 실체가 없기 때문에 교회에 대한 거부감을 가진 비신자에게 부담이 없다. 셋째, 주변 교회의 피해가 적다. 비신자를 전도하여 교회를 개척하기에 타 교회에서 교인들이 평행이동할 가능성이 없다. 넷째, 목회가 새롭다. 성도를 사역자로 세우면서 목장이 분가할 때마다 목사는 새 힘을 얻게 된다. 건강한 교회를 목회한다는 보람이 크고 목사와 성도들 모두가 행복하다. 다섯째, 성령님의 생명 사역을 체험한다. 신약교회를 목적으로 하기 때문이다. 여섯째, 개척교회의 많은 문제가 저절로 해결된다. 영혼 구원에 몰입하니 여러 문제가 묻혀 버린다.

가정교회로 개척하려면 새로운 패러다임이 확실해야 한다. 성경대로 가는 목회이므로 기신자보다는 비신자를 찾아 전도할 수밖에 없다. 기성교회가 접근하기 어려운 사람들을 대상으로 한다. 기존 교회를 전환할 때 들어가는 에너지가 절약된다. 새로운 생명의 힘을 얻는다. 그럼에도 가정교회로 개척하는 데에는 어려움이 있을 수밖에 없다. 재정의 문제, 기존 신자의 문제, 목장과의 시너지 효과의 문제, 기다림의 문제 등이다.

성공적인 개척 가정교회를 위한 조언들은 다음과 같다.

첫째, 처음부터 원칙을 지키라. 성경 공부를 비롯한 가정교회에서 가르치는 원리 원칙을 철저하게 지킬 때 성공한다. 둘째, 성도들과 비전을 공유하라. 성경적인 교회에 대해, 평신도들도 세상에 영향을 미치는 제사장이 될 수 있다는 비전을 설교와 목회 칼럼과 수련회를 통해서 공유하는 것이다. 셋째, 미리 경험을 쌓으면 좋다. 3년 정도 가정교회에서 목자 경험을 한다든지, 목회자 세미나와 컨퍼런스와 지역 모임에 참석하기를 바란다. 넷째, 가정교회 자료를 적극적으로 이용하라. 가정교회사역원에서 실시하는 목회자 세미나와 평신도 세미나에 참여하고, 특강이나 간증을 많이 들어 보기를 권한다. 다섯째, 행정을 소홀히 하지 말라. 가정교회 자체의 행정 시스템을 도입하는 것이 좋다. 여섯째, 비신자를 예수 믿게 하고 양육하여 목자로 세우라. 기신자가 아닌 비신자를 전도해서 목자로 세우고, 그런 목장을 다섯 개만 확보할 수 있으면 성공이다. 일곱째, 목자를 신중하게 세우라. 비신자, 초신자가 목자가 되기 위해서는 더 많은 훈련이 필요하다. 여덟째, 위임의 정도가 다르다는 것을 기억하라. 개척 가정교회에서는 목자를 세운 뒤에도 목사가 목자와 목원을 동시에 목양해야 한다. 단계적으로 위임의 정도를 높여 가야 한다. 아홉째, 특별한 이유가 없으면 목사 부부가 목장을 계속하라. 적어도 4-5개의 목장이 생길 때까지는 목사 부부가 목자 목녀의 역할을 해야 한다. 열 번째, 사모의 역할이 크다는 것을 기억하라. 사모와 함께 목장의 목녀 역할까지 해야 하기 때문이다.

가정교회로 개척하는 데 인턴십의 중요성은 매우 크다. 부교역자로 있을 때 담임목사의 지도 아래 목장을 개척하고 분가까지 하는 경험이 있으면, 그리고 그런 목장이 몇 개 움직일 때 개척하는 것이 가장 성공률이 높다. 가정교회를 잘하고 있는 교회에 가서 평신도의 자세로 그 교회 목장에 참석하고, 목장을 개척하거나 분가하여 목자로서의 경험을 쌓고, 그 목장을 데리고 나와 개척을 시도하는 것이다. 결론적으로 가정교회 개척은 교회 개척이 힘든 이 시대의 가장 적합한 대안이 될 수 있다. 교회 자체가 목적이 아닌 하나님 나라를 볼 수 있어야 한다. 하나님의 부르심과 그에 대한 순수한 동기가 가장 중요하다.

개척교회 하드웨어 준비 단계

그렇게 가정에서 목장이 배가 성장하여 개척팀원을 30-50명 확보했다면 일반적인 교회 개척의 준비를 밟는다. 교회 세울 지역을 조사하고 목회 대상을 이해하는 등 하드웨어를 준비하는 것이다. 교회 개척의 하드웨어를 준비하는 단계를 간단하게 제시해 본다.

1 교회를 개척할 지역을 정한다.
2 교회가 들어설 위치를 정한다.
3 교회로 사용할 장소 혹은 건물을 정한다.
4 모든 시설과 비품을 성장형으로 꾸민다.
5 기존의 공간과 시설을 활용한다.
6 교회 설립에 관한 법규를 숙지한다.
7 재정 확보 계획서를 마련한다.

지역을 조사하고 이해하는 단계는 다음과 같다.

1 지역조사의 중요성을 깨닫는다.
2 지역사회를 총체적으로 분석한다.
3 지역의 표준인물을 파악한다.
4 목회 대상으로서의 목표그룹을 설정한다.
5 목표그룹에 대한 전도전략을 개발한다.
6 복음 수용성이 높은 그룹부터 공략한다.
7 고정관념을 깨뜨리고 차별화 전략을 세운다.

이상의 단계별 자세한 내용은《교회 개척의 원리와 전략》

을 참조하라. 거듭 말하지만 가장 중요한 교회 개척 준비는 개척팀, 즉 새로운 교회를 같이 세울 '사람들'이다. 사람만 있으면 걱정할 필요가 없다. 사람이 가장 중요하다. 하나님도 건물이 아닌 사람을 찾으라 하신다. 건물부터 얻고 모든 것을 다 모아 인테리어를 한 후에 텅 빈 예배당에서 사람을 기다리는 개척은 이제는 통하지 않는다. 사람들을 전해 받든, 아니면 내가 전도해서 사람을 모으든지 해야 교회 개척은 성공한다.

 이왕이면 기신자가 아닌 비신자를 전도해서 열 명이 모이는 목장 3-5개를 만드는 데 목숨을 걸어라. 그것이 가능하면 개척의 보증수표를 받은 것이나 다름없다. 소그룹 리더(목자)로서 복음 전파와 제자 훈련의 확실한 열매를 남긴 평신도가 신학적 훈련을 받아 목사가 되는 것이 주님을 위해서나, 교회 전체를 위해서나, 그 교회에 속한 성도들을 위해서나, 교회 밖 비신자들을 위해서나 가장 좋은 선택이라고 생각한다. 그런 열매가 없으면 평신도로서 열심히 교회를 섬기고 행복하게 사는 것이 가장 좋은 일이다. 자, 여기까지 준비가 되었다면 이제 남은 것은 교회 창립일을 정하고 창립 예배를 드리는 것뿐이다.

CHAPTER **07**

성경적으로 시작하고 그 이후를 설계하라

 이 책의 주제는 '퓨처 처치', 즉 미래교회다. 퓨처 처치는 성경적 신약교회다. 신약교회의 본질을 붙잡고 함께할 개척팀 30-50명을 모았다면 이제 정식으로 창립예배를 드릴 수 있다.
 창립예배라고 특별히 중요성을 강조할 필요가 없다. 이미 교회는 개척자의 집에서 가정으로 모일 때부터 시작되었기 때문이다. 적어도 1-3년에 걸쳐 매주 혹은 그 이상 개척을 준비했기 때문에 이미 견고한 공동체가 되었을 것이다. 그러나 공식적으로 창립예배를 드림으로 하나님과 세상 앞에 교회의 탄생을 알리고 자축하고 또 축복받는 의식이 필요하다. 무엇보다 교회가 위치한 그 지역에 건강하고 성경적인 좋은 교회가 생겼다는 것을 알림으로 그 지역 복음화라는 교회의 본질적인 목적을 이루는 시작점이 있어야 한다.

스스로 생존 능력을 지닌 교회 개척을 하라

퓨처 처치는 한 번 모이는 사람들 중심이 되어선 안 된다. 그 지역에 있는 사람들에게 교회를 알리고 초청하여 앞으로 지역을 섬기겠다는 비전을 공유하는 축제로 만들면 좋다.

이미 40년도 더 지난 이야기이지만 미국 새들백교회 릭 워렌 목사는 새들백 지역에 교회를 개척하기로 마음먹은 후 일곱 명의 비신자를 전도했다. 그들을 소그룹 성경공부로 키우고 열다섯 명의 개척팀을 확보한 후 1만 5천 통의 초청장을 발송하여 60명의 자원자를 확보했다. 물론 그 자원자들은 이미 교회를 다니는 기신자들이었을 것이다. 그렇게 개척팀과 자원자들이 창립예배를 준비해서 205명의 참석자를 얻어냈다. 릭 워렌 목사는 그 2백 명의 비신자들을 대상으로 좋은 설교와 견고한 양육 시스템으로 훈련시켜 세계적인 교회로 부흥시켰다.

이 방법을 그대로 적용할 필요는 없다. 시대도 다르고 상황도 전혀 다른 오늘 우리나라에서는 쉽지 않은 방법일 수 있다. 그러나 그 정신을 적용하는 것은 여전히 중요하다고 생각한다. 지금도 정말 하나님이 기뻐하시는 사도적인 교회를 개척하려는 시도가 있을 때, 협조할 인적 자원이 반드시 있다고 믿는다. 어려운 때일수록 본질을 붙잡으면 예기치 않은 성공을 거둘 수 있다. 기신자가 아닌 비신자의 영혼 구원을 목적으로 하는 교회 개척, 돈이나 건물 중심이 아닌 사람과 공동체 중심의 교회 개척, 타인에게 생존을 의탁하기보다는 스스로 생존 능력을 지닌 교회 개척, 그리고 교회 안에 사람들이 들어오기를 기다리는 것이 아니라 세상 속으로 뛰어드는 선교적인 교회 개척, 그것만 확실하다면 반드시 제2, 제3의 새들백교회가 이 시대의 개척자에 의해서 탄생할 것이다.

30-50명의 개척팀이 이미 한 몸이 되었다면 무엇도 두렵지 않다. 재정적으로도 자립할 수 있다. 백 명이 넘을 때까지는 장소를 장기 임대하거나 구입하는 대신 그때그때 대여해서 사용하는 것도 좋은 방법이다. 가장 좋은 방법은 가성비 좋은 공공건물을 사용할 시간만큼만 대여해서 활용하는 것이다. 아니면 요일과 시간을 조절하여 기존 교회의 예배당과 시설을 빌리는 방법도 있다. 마치 해외의 한인교회가 현지 교회를 빌려서 쓰듯이 공유 개념으로 사용하는 것이다. 그러다가 교회가 부흥해서 여유가 되면 건축이나 구입을 목표로 삼자. 앞으로는 그렇게 고비용 저효율을 극복하는 교회 개척이 대세를 이룰 것이다. 그렇게 절약해서 모은 재정으로 목회 대상 지역의 비신자들에게 유익이 되는 투자를 한다면 장기적으로 교회 이미지도 좋아지고, 심고 거두는 법칙에 의해 하늘의 복을 많이 받을 것이다.

하나님이 주신 꿈과 비전의 세계를 믿음으로 들어가라. 중요한 것은 신약교회, 사도적 교회, 선교적 교회를 꿈꾸는 것이다. 신약교회의 교회론과 자신에게 허락하신 목회철학을 '목회 백서'로 만들라. 그것을 날마다 하나님 앞에 펼쳐들고, 그 퓨처 처치가 이미 내 안에서 이루어진 것을 선포하고 바라보라. 다시 chapter 2의 '개척자의 자화상'을 내 것으로 만들고, Part 1의 '퓨처 처치의 7단계'로 들어가라. 명확한 비전과 지치지 않는 전념이 있다면 반드시 이루어질 것이다. 비전과 전념, 이 두 가지가 퓨처 처치의 핵심이다.

교회 개척의 위기와 대안

물론 교회 개척의 꿈이 누구에게나 장밋빛만은 아니다. 누구에게든 잿빛 위기가 다가올 수 있다. 많은 개척교회가 원대한 꿈을 가지고 시작하지만, 영적인 면과 실제적인 면에서 위기를 겪고, 그 위기를 극복하지 못한 채 실패로 끝난다. 양현표 교수는 그의 책 말미에서 교회 개척 이후에 목회자가 직면하게 되는 위기와 그 대안을 제시했다.

첫째, 교회 성장에 대한 부담으로 인한 위기다. 교회는 개척했는데 성장이 뜻대로 되지 않음으로 찾아오는 위기다. 기도하고 노력하지만 현실은 냉혹하다. 개척한 지 2-3년이 지나도 성도가 늘지 않으면 초조하고 낙담한다. 그 조급함에서 벗어나야 한다. 교회에 오는 숫자보다 전도할 숫자에 초점을 맞추어야 한다. 한 영혼을 정말 귀하게 여기고 구원하여 제자로 세우는 본질 목회를 부담이 아닌 기쁨으로 감당해야 한다. 교회 개

**교회 개척이야말로 철저한 준비와
전략적 접근이 필요한 하나님의 일이다.**

척자는 교회를 단지 지속시켜야 한다는 것에 목숨 걸지 말라. 모든 생명체가 죽듯이 교회 역시 문을 닫을 수 있다. 하나님이 여기까지라고 하신다면 그곳에서 내려놓고 일반 성도로 살아가겠다는 각오가 있어야 한다. 그럴 때 오히려 위기가 기회가 될 것이다.

둘째, 경제적 어려움의 위기다. 제대로 준비되지 않아서 닥치는 위기다. 사실 철저하게 준비해서 30명 이상의 개척자만 확실하다면 목회자의 생활은 얼마든지 해결할 수 있다. 그렇지 못하다면 바울처럼 이중직, 즉 두 직업 목사의 길을 선택하는 것도 위기 탈출의 방법이 될 것이다.

셋째, 관계가 깨짐으로 인한 위기다. 개척교회에서 가장 많이 발생하는 위기다. 그렇게 하나 되었던 개척팀원과의 관계, 목회자 부부간의 관계, 동료 목사들과의 관계 등에서 불협화음이 생겨 엄청난 스트레스를 받을 수 있다. 외로움과 두려움을 극복하는 관계 개발에 적극적으로 투자해야 한다.

넷째, 정신과 육신의 건강 악화로 인한 위기다. 쉼 없이 사역으로 과부하가 걸리다 보면 몸이 망가지고 정신적으로도 피

폐해질 수 있다. 조급증과 강박증은 개척자의 최대 적이다. 개척자일수록 여유를 가져야 한다. 자신이 할 수 있는 것 이상을 하지 않는 것이 좋다. 하나님은 우리가 불행하게 사역하는 것을 원치 않으신다. 휴식과 운동과 취미와 가정의 행복을 아주 특별한 경우가 아니라면 지속적으로 추구해야 한다. 균형과 조화는 교회의 규모와 관계없이 나타나야 한다.

다섯째, 소명이 흔들림으로 인한 위기다. 목사로서의 근간이 흔들리는 위기다. 의심과 정죄를 몰아내야 한다. 내면의 성찰이 필요하다. 하나님의 부르심에 대해 다시 점검하는 과정으로 소명의식을 회복해야 개척 목사의 모든 고난과 위기를 이길 수 있다.

여섯째, 교회 개척이 성공하기 때문에 다가오는 위기다. 하나님의 은혜를 자신의 능력과 공로로 대치하는, 위험한 마음에서 오는 위기다. 하디 박사가 주장하듯이 작은 성공이 큰 성공을 이루지 못하게 하는 실패의 촉진제가 될 수 있다. 성공의 위기를 극복하는 길은 성공의 자리를 떠나는 것이다. 사도처럼 그 교회를 떠나 새로운 교회를 다시 시작하는 것, 즉 '떠남의 원리'로 위기를 극복할 수 있다.

거듭 말하지만, 교회 개척에 실패하는 이유, 위기가 다가오는 이유는 준비 부족 때문이다. 개척자들의 80퍼센트 이상이 갑자기 개척을 결심한다. 철저히 준비해도 교회 개척은 하늘의 별 따기와 같다. 그런데 갑자기 결단하고 1년도 채 되지 않는 준비에, 지금은 더 이상 작동하지 않는 과거의 교회 개척 방법으로 접근한다면 실패를 보증하는 셈이다. 하나님은 당연히 계신다. 우리의 믿음도 당연히 작동한다. 그러나 하나님의 일, 특히 교회 개척은 무조건적인 충성만 가지고 되는 것이 아니다. 충성 그 이상이 필요하다. 교회 개척이야말로 철저한 준비와 전략적 접근이 필요한 하나님의 일이다. 하나님은 준비가 필요 없으신 분이다. 그러나 우리는 엄청난 준비가 필요하다. 그 철저한 준비는 교회를 개척하고 나서 더 필요하다.

    건강한 교회는 성장한다. 그 성장을 위한 준비는 또 어떻게 해야 할 것인가? 그 문제가 바로 다음 마지막 Part 4 '성장의 정체를 뛰어넘는 7가지 전략'에서 다룰 주제다. 과연 개척한 교회가 침체의 벽을 어떻게 돌파하고 성장할 것인가?

PART **04**

성장의 정체를
뛰어넘는 7가지 전략

BBC 방송에 '야생 탐험'(Running Wild with Bear Grills)이라는 프로그램이 있다. 영국 생존 전문가인 베어 그릴스가 세계적으로 유명한 스타를 초대하여 1박 2일의 극한 생존게임을 함께하는 '리얼리티 쇼'(Reality Show)다. 출연자는 영화배우, 스포츠 스타 등이 대부분이고, 오바마 미국 전 대통령도 출연한 적이 있다. 일반인들은 도저히 상상할 수 없는 산악지대를 로프 하나로 오르내리면서, 혹은 호수나 바다를 헤엄치면서, 아슬아슬한 극한 체험을 하는 내용이다. 먹을 것도 자급자족해야 한다. 눈에 띄는 대로 잡아서 먹어야 한다. 뱀, 도마뱀, 악어, 물고기, 해파리, 너구리, 쥐, 새, 벌레, 심지어 동물의 사체와 태반까지 제대로 씻지도 않은 상태에서 생으로 먹거나 부싯돌로 피운 불에 구워 먹어야 한다. 잠도 텐트나 슬리핑백도 없이 맨땅이나 그 위에 나뭇잎을 깔고 자야 한다.

목숨을 걸고 모든 여정을 마치면 거의 대부분 헬리콥터를 타고 탈출하는데, 헬리콥터도 안에 들어가지 않고 문에 매달려 가면서 절정의 체험을 즐기며 체험을 마무리한다. 모두 생애 처음으로 하는 경험이기에 두려워하고 소리를 지르고 욕까지 한다. 매회 보는 사람도 손에 땀을 쥔다. 그러나 결론은 한 사람도 예외없이 무사히 미션을 완주함으로써 엄청난 성취감과 희열로 마무리한다는 것이다. 이 프로그램을 보면서 출연자와 우리 그리스도인의 삶에 비슷한 점이 있다는 생각이 들었다.

첫째, 믿음이 필요하다. 모든 출연자는 위험하기 짝이 없는 상황에서 오직 인도자인 베어 그릴스를 신뢰하고 따라가야 한다. 수십 미터의 절벽을 밧줄 하나로 오르고 내리는 것이 처음인 사람도 세계 최고의 생존 전문가를 의지하고, 하라는 대로 하면 신기할 정도로 미션을 완수할 수 있게 된다. 우리도 절대 실수가 없으신 우리 주 하나님을 믿고 순종하면 불가능도 가능해지는 기적이 일어날 것이다.

둘째, 용기가 필요하다. 모든 출연자가 처음에는 다 겁을 먹고 두려워한다. 그러나 인도자를 믿고 용기를 내서 일단 손을 내밀고 발을 내디디면 놀라운 경험과 결과를 얻게 된다. 무서워하고 두려워할 때마다 인도자인 베어 그릴스는 말한다.

"용기란 두려움이 없는 것이 아니라, 그 두려움이 있음에도 불구하고 맞서는 것이다."

보이는 것 없고, 들리는 것 없고, 만질 수 없어도 말씀이 그렇다면 그런 줄 믿고 용기를 가지고 행동하면 약속이 이루어질 것이다.

셋째, 보상이 주어진다. 출연자들 거의 대다수가 출연 제의에 처음에는 망설였다고 한다. 그러나 결단하고 참여하면 고생은 하지만 그 모든 과정을 완수하면서 일생일대의 엄청난 경험과 성취감을 가질 수 있었다. 그들이 헬리콥터를 타고 무사히 탈출하는 순간 얼마나 기뻐하고 흥분하는지 모른다. 하나같이 의미와 가치가 있었고, 그 과정을 통해 크게 성장했다고 고백한다. 우리도 고난과 시련이 있지만 포기하지 않고 우리의 인도자이신 성령님을 끝까지 따라가면, 따라간 사람만이 가질 수 있는 희열과 보상을 얻게 될 것이다.

이 프로그램의 어느 한 장면에서 겁에 질려 절벽 사이 로프를 잡고 돌아가겠다고 막무가내로 고집하는 한 출연자에게 인도자인 베어 그릴스가 한 말이 있다. '돌파'(突破)라는 말이다. 자신의 한계점(Break Point)을 돌파하면 기적과 같은 일이 일어난다. 불가능한 일이 가능해진다. 한계점 혹은 임계점(Critical Point)을 깨뜨리라고 한다. 이제는 더 이상 돌아갈 수도 없다. 돌아갈 수 없는 귀한불능지점(the Point of No Return)에서는 앞으로 갈 수밖에 없다.

교회 개척이나 교회 성장도 마찬가지다. 일단 개척했으면 교회는 세워져야 한다. 교회가 세워졌으면 죽으나 사나 목회를 계속해야 한다. 영혼 구원이 일어나고 제자가 세워져야 한다. 앞부분에서 이야기한 신약교회를 향한 퓨처 처치가 되어야 한다. 먼저 되어야(being) 행동하고(doing), 행동해야 결과를 가질 수 있다(having). 퓨처 처치가 되는 길은 미래의 목표를 정하고 그 목표를 달성하는 것이다. 이제 뒤로 돌아갈 수 없다. 각자의 넘사벽(넘을 수 없는 사차원의 벽) 같은 장벽을 깨뜨려야 한다. 그 장벽을 깨뜨리는 시도가 앞으로 다룰 Part 4의 중심 내용이다.

돌파하는 것, 즉 깨뜨리는 것의 영어 브레이크(BREAK)의 앞글자를 가지고 침체의 장벽을 돌파하기 위한 다섯 가지 요소를 생각해 보았다. 성경적인 설교와 가르침(bible), 일꾼 및 성도들과 좋은 관계 맺기(relationship), 목숨 걸고 하는 복음전파(evangelism), 하나님을 향한 기도와 사람들에게 요청하기(ask), 성령 하나님의 통치에 대한 절대적 순종(kingdom)의 다섯 가지가 확실하면 교회 성장의 벽이 돌파될 것이라 믿는다. 단순하게 말하면 교회 성장의 5대 요소는 설교, 사람, 전도, 기도, 성령으로 요약할 수 있다. 이 다섯 가지 요소는 그동안의 연구와 나의 경험으로 검증된 건강한 신약교회 성장의 핵심 조건이다.

그런데 이런 요소나 조건보다 더 중요한 것은 개척자나 목회자의 정체성 혹은 리더십이다. 교회 성장을 위해서는 '교회 성장형 목사'가 되어야 한다. 돌파라는 개념에는 노력 이상의 보다 혁신적인 질적 변화와 업그레이드가 필요하다. 스트레스와 복잡성을 뛰어넘는 완전히 다른 방식(leverage)이 있어야 한다. '더 크게, 더 다르게'라는 기하급수적인 생각이 있어야 하고, 그런 생각을 뒷받침하는 인적 자원이 있어야 한다. 오직 자신에게만 있는 독특한 비전이 있어야 한다. 명쾌하고 단순하고 반복 가능하고 실행 가능한 경로를 발견해야 하는 것이다.

Part 4의 중심 내용은 내가 1998년에 쓴 책《출석성도 300명 돌파의 원리와 전략》을 대폭 수정 보완하여 담았다. 오래된 내용이지만, 그 근본 원리는 지금도 유효하다. 전략적인 적용은 지금 시대와 상황에 맞추었다. chapter 1-3은 목회자 자신에 관한 부분이다. 성장형 마인드셋을 가지고 명확한 목표를 설정한 후에 그 목표가 이루어지는 것을 날마다 상상하고 말하고 행동하는 지침에 관한 것이다. chapter 4-6은 돌파의 핵심 요소, 즉 설교, 사람, 전도, 기도, 성령 충만에 관한 내용이다. 마지막 chapter 7은 목회자 자신의 리더십 개발이다. 만사는 리더십에 달려 있다(Leadership is Everything).

교회 개척과 성장은 그 교회를 궁극적으로 책임지는 담임목회자에게 달려 있다. 목사가 먼저 행복하고 자신감과 책임감이 있어야 한다. 억지로 의무와 부담으로만 해서는 불가능하다. 팀 켈러가 말한 대로 '의무가 아닌 기쁨으로'(Duty to Delight) 해야 성공한다. 그러기 위해서는 자신이 가장 잘하는 것, 즉 고유능력(Unique Ability)을 발견하고 개발해야 한다. 고유능력은 우리에게 익숙한 영적 은사 이상이다. 뛰어난 기술, 본질적인 동기 부여, 그리고 끊임없는 개선 가능성까지 포함한다.

벤자민 하디는 최고 수준의 숙달과 개인적인 소명에 이르려면 자신만의 고유능력을 진지하게 인식하고, 이를 완전히 업그레이드해야 한다고 주장한다. 고유능력을 개발하기 위해서는 첫째, 자신이 진정 원하는 것이 무엇인지 솔직해야 한다. 하나님이 그에게만 주신 독특한 소원, 비전, 능력, 열망을 알아야 한다. 둘째, 비전을 넓히고 자신이 무엇을 할 수 있고 이룰 수 있는지 깊이 생각해야 한다. 잠재력을 바탕으로 열 배 이상의 돌파 비전을 가지는 것이다. 셋째, 이상적인 퓨처 처치를 상세히 그리고 상상하고 숙고해야 한다. 넷째, 시간, 재정, 관계, 목적의 자유를 얻기 위해 가장 중요한 20퍼센트에 대한 숙련도를 높이고, 고유 능력의 개발과 직접 관련이 없는, 바쁘지만 생산적이지 않은 삶의 80퍼센트를 다른 사람들에게 맡겨야 한다. 즉 선택과 집중의 원리에 충실하는 것이다. "나는 내가 선택한 사람이 된다", "당신은 성장하기 위해 존재한다"는 말을 잊지 말라.

CHAPTER 01

성장형 마인드셋을 가지라

　너무 당연한 말이지만, 교회가 성장하려면 목사부터 교회 성장을 원해야 한다. 교회 성장을 원하지 않는 목사가 있을까? 생각보다 많다. 교회 성장을 정말, 진정으로, 목숨을 걸고 원하는 목사가 생각보다 적다. 막연히 원하는 것이 아니라 정말 원하는 사람 말이다. 정말 원한다면 백 퍼센트는 아니더라도 거의 그 원하는 것을 이루거나 가질 수 있는데 말이다. 피터 와그너는 교회가 성장하려면 목사가 먼저 교회 성장을 간절히 원해야 하고, 성장을 위해 대가를 치러야 한다고 했다. 목사뿐 아니라 그 교회의 성도도 교회 성장을 간절히 원해야 하고, 성장을 위한 대가를 치러야 한다.

교회 성장은 성경적이다

　사람들의 사고방식은 크게 두 가지로 나뉜다. 고정 마인드셋(Fixed Mindset)과 성장 마인드셋(Growth Mindset)이다. 고정 마인드셋은 특정 영역에서 변화하거나 성장할 수 없다는 믿음이다. 고정 마인드셋을 가진 사람은 현실에 안주하거나, 과거에 의지해서 현재의 삶을 규정하는 경향이 있다. "나는 할 수 없어", "나는 자격이 없어", "나는 이런 일은 멀리해야 해", "나는 원래 그런 사람이야"라는 말 그대로 고정관념에 사로잡혀 있다. 더 흥미롭고 강력한 미래의 자신을 상상하거나 그것을 추구하는 믿음과 자신감이 없다. 성장과 변화에 대해 소극적이거나 부정적이다.

　반면, 성장 마인드셋을 가진 사람은 과거나 현재보다 미래 지향적이다. 그는 자신의 특질과 성격과 상황을 바꿀 수 있다는 믿음을 가진다. 성장과 변화에 대해 긍정적이다. 일단 교회가 세워졌으면 성장하는 것이 정상이라고 생각한다. 성장을 간절히 원할 뿐만 아니라, 성장해야 한다고 생각하고, 또 성장할 수 있다고 확신한다. 소명(must)과 소원(want)과 소질(can)에 대한 믿음이 확실하다. 자신을 교회 성장형 목사(Church Growth Pastor)라고 생각한다. 즉 정체성이 바뀌는 것이다. 미래의 비전, 즉 퓨처 처치가 확실하면 정체성이 바뀌고, 행동이 달라지고, 결과가 달라진다.

교회 성장을 경험하기 위해서는 교회 성장 안목(Church Growth Eyes) 혹은 교회 성장 사고(Church Growth Thinking)로 무장되어야 한다. 교회 성장은 방법과 기술 이전에 태도와 생각이다. 교회 성장에 대해 긍정적이고 적극적이고 강력한 마인드로 무장되어야 한다. 성장형 사고방식으로 무장된 사람은 좀처럼 포기하지 않는다. 실패를 실패로 보지 않고 성공을 위한 학습으로 본다. 성장은 자연스러운 것이고, 하나님의 뜻이라고 본다. 왜냐하면 모든 생명체와 유기체는 탄생하면 성장하기 때문이다. 성장하지 않으면 죽는다. 그러므로 생존을 위해서도 성장해야 한다.

그런데 요즘, 특히 한국에서는 성장에 대해 소극적이고 더나아가 부정적이다. '교회 성장'이라는 단어를 쓰는 것을 머뭇거리고, 심지어 부끄럽게 여긴다. 교회 성장 운동이 가져온 부작용 때문일 것이다. 교회 성장이 물량주의와 세속화와 양극화를 초래했고, 특히 대형교회의 문제점들이 부각되어 세상에서 교회를 부정적으로 보는 것에 민감해졌다. 전도가 어렵고 교회 개척이나 성장이 실제로 일어나지 않는 것도 그런 생각 속에 갇혀 있게 하는 원인이 되고 있다. 그러나 교회 성장주의의 폐해 때문에 교회 성장 자체를 부정하는 것은 어리석은 일이다. C.S. 루이스가 말했듯이 "목욕물이 더럽다고 목욕통에 있는 아기까지 버릴 수는 없는 것"이다.

교회 성장이란 과연 무엇일까? 단지 교인 수가 늘어나고 교회가 커지는 것일까? 교회 성장에 관한 부정적인 생각은 양보다 질이 중요하다고 하면서 숫자에 알레르기적인 반응을 가지게 한다. 영적일수록 숫자에 관심을 가져서는 안 된다고까지 말한다. 그러나 건강한 교회 성장을 원한다면 숫자에 대해 긍정적인 확신을 가져야 한다. 교회 성장에서의 숫자는 사람 수다. 숫자가 중요한 것이 아니라 사람이 중요하다. 물론 다른 교회에서 오는 수평이동, 즉 이동성장은 비판받을 수 있다. 그러나 비신자를 구원하여 숫자가 늘어나는 것은 너무나도 성경적이다. 건강한 교회 성장은 양과 질 둘 다 추구한다. 양은 질을 창조하고, 질은 양을 결정하기 때문이다.

만약 교회가 작을수록 더 질이 좋은 교회라고 한다면 극단적인 경우라고 할지 모르지만 최상의 질을 갖춘 교회는 한 명이 모이는 교회라고 해야 할 것이다. 말이 안 되는 이야기다. 질은 교회가 배출하는 교인의 종류다. 양은 교회가 배출하는 교인의 숫자다. 당신이 낚시를 하러 간다면 질을 원하겠는가, 양을 원하겠는가? 둘 다 원할 것이다. 가장 크고 좋은 고기를 가능한 한 많이 낚고 싶을 것이다. 모든 교회는 그리스도를 위해 할 수 있는 한 많은 사람을 전도해야 한다. 그리고 그 전도한 사람을 할 수 있는 한, 가장 영적으로 성숙하도록 도와야 한다.

신약교회 돌파를 이루기 위해서는 무엇보다 교회 성장에 대한 성경적인 개념 이해가 필요하다. 교회 성장은 간단히 말해서 주님의 지상명령에 대한 순종이다. 즉 세계복음화이다. 복음화는 개인의 구원과 교회의 증가를 목적으로 삼는다. 제자를 삼는 것은 영혼 구원이고, 세례를 주고 가르쳐 지키게 하는 것은 교회 공동체의 형성이다. 교회 성장 운동의 아버지라고 하는 도널드 맥가브란은 교회 성장을 이렇게 정의했다. "교회 성장이란 예수 그리스도와 아직 아무런 개인적 관계를 가지고 있는 않는 사람들(비신자들)로 하여금 그와 더불어 교제하게 하고(예수 영접) 교회의 책임 있는 멤버(제자들)가 되도록 만들어 주는 데 관련된 모든 사항을 의미한다."

여기서 핵심은 두 가지다. 예수님을 영접시켜 거듭나게 하는 것과 그들을 그리스도의 제자로 세우는 것이다. 거기에 이 책의 Part 3 '퓨처 처치로 개척하라'에서 강조한 대로 영적 재생산 혹은 번식(배가 성장)을 포함시키는 것이다. 즉 예수 영접, 제자 훈련, 배가 성장의 세 가지가 바로 건강한 신약교회의 성장 개념이다.

도널드 맥가브란은 여기에 더해서 교인들이 세상의 빛과 소금의 역할을 하는 것까지가 교회 성장이라고 주장했다. 이처럼 신약교회 성장 운동은 단순한 수적 증가나 교회의 대형화가 아니라 그 이상이다. 구원화, 제자화, 교회화, 그리고 사회화까지 가는 것이 진정한 교회 성장이라고 할 수 있다. 그런 교회 성장이라면 거부하거나 부정적으로 여길 이유가 없을 것이다. 오히려 적극적으로 추구하고 권장하고 동기부여해야 할 최고의 가치가 되어야 할 것이다.

이러한 교회 성장의 개념은 사도행전의 초대교회에 그대로 표현되어 있다. 사도행전 2장 42절에 "그들이 사도의 가르침을 받아 서로 교제하고 떡을 떼며 오로지 기도하기를 힘쓰니라"고 했다. 말씀과 예배와 성찬과 기도, 즉 영성이 바로 교회 성장이다. 이것을 질적 성장 혹은 성숙을 향한 상부적 성장(Growing Up to Maturiaty)이라고 한다. 44-45절에는 "믿는 사람이 다 함께 있어 모든 물건을 서로 통용하고 또 재산과 소유를 팔아 각 사람의 필요를 따라 나눠 주며"라고 했다. 이는 신자들끼리 연합하고 하나되는 내적 성장 혹은 조직 성장으로서 공동체를 향한 내부적 성장(Growing Together in Community)이다. 47절 상반절에는 "하나님을 찬미하며 또 온 백성에게 칭송을 받으니"라고 했다. 즉 세상과 불신자로부터 인정과 칭찬을 받는 봉사의 외부적 성장(Growing Out in Service)이다. 마지막 47절 하반절에 "주께서 구원 받는 사람을 날마다 더하게 하시니라"라고 했는데, 이것은 영적, 내적, 외적 성장의 결과 숫자적으로 더 많아지는 상향적 성장(Growing More in Numbers)이다.

교회 성장은 하나님의 뜻이다

참된 교회 성장이란 수단과 방법을 가리지 않고 사람들을 모아 교회를 크게 하는 것이 아니다. 지금 시대는 그렇게 되지도 않는다. 하나님의 영성이 내적, 외적으로 표현된 결과 초자연적인 방법으로 성령께서 회심자를 많게 하여 교회에 소속하게 하는 것이 바로 교회 성장이다. 그리고 그 교회가 또 다른 교회를 낳는다. 즉 교회 성장은 교회 건강의 결과다(Church growth is the reseult of church health). 나는 진정한 교회 성장이야말로 삼위일체 하나님의 작품이라고 생각한다. 이른바 교회 성장의 당위성 혹은 중요성이 그것을 말해 준다.

첫째, 교회 성장은 하나님의 명령이요 하나님의 뜻이다. 고린도전서 3장 6절에 '하나님께서 자라나게 하셨다'고 했다. 에베소서 4장 16절에서 하나님은 '각 지체의 분량대로 역사하여 그 몸을 자라게 하신다'고 했다. 하나님이 자라게 하신다는 것은 성장이 하나님의 뜻이라는 말이다. 생명체가 자라는 것이 하나님의 법칙이다. 유기적인 생명체로서의 교회도 태어나고 자라고 또 시간이 흐르면서 쇠퇴하고 사라진다. 그러기에 또 다른 새 교회가 많이 세워져야 하나님 나라 공동체로서 교회는 계속 존재하고 완성될 수 있는 것이다.

교회 성장이 하나님의 명령이라면 그 명령에 순종해야 한다. 성장은 하나님의 실재와 일치한다. "교회 성장은 하나님의 뜻이다." 교회 성장형 목사는 날마다 이렇게 생각하고 고백하고 추구해야 한다.

둘째, 교회 성장은 예수님의 사역이다. 에베소서 1장 23절에서 "교회는 그의 몸" 즉, 예수님의 몸이라고 했다. 예수님의

> 교회 성장은 교회 건강의 결과다.
> 나는 진정한 교회 성장이야말로
> 삼위일체 하나님의 작품이라고 생각한다.

몸이라는 것은 예수님이 다시 이 땅에 오신 것이다. 1세기의 예수님의 모습이 교회를 통해서 재현되는 것이다. 예수님은 "내 교회를 세우리니"(마 16:18)라고 하셨다. 그 주님의 약속으로 수많은 교회가 세워졌다. 오늘 우리는 그냥 교회 크기를 키우는 것이 아니라 예수님이 하신 일, 즉 전도와 양육과 치유와 기도를 그대로 행해야 한다. 예수님도 숫자를 중요하게 여기셨다. 세 명의 수제자, 열두 명의 직제자, 70명의 측근 제자, 5백여 명의 무리 제자들을 확보하셨다. 수천 명 앞에서 설교하셨고 수만 명을 치유하셨다. 우리도 그렇게 하는 것이 바로 교회 성장이다.

셋째, 교회 성장은 성령님의 나타나심이다. 성령님의 현현(顯顯)인 것이다. 사실 교회는 성령님이 오순절에 창조하셨다. 오순절 성령님의 나타나심이 바로 최초의 교회가 된 것이다. "오직 성령이 임하시면 너희가 권능를 받고… 땅끝까지 내 증인이 되리라"(행 1:8)고 하신 주님의 약속이 이루어진 것이 교회의 탄생과 성장이다. 이 구절이야말로 교회 성장을 위한 위대한 건축 계획이다. 이 말씀에 성령, 사도, 증인, 예수, 전도라는 교회 성장의 핵심이 다 들어 있다.

성령은 전도의 영, 선교의 영, 교회 성장의 영이시다. 교회 성장은 인간이 한다고 되는 것이 아니다. 성령이 인간을 통해서 일하시는 것이다. 오늘날 전 세계적으로 오순절 계통의 교회가 크게 성장하는 이유가 여기에 있다. 강단에서 복음과 성령과 믿음을 강조해서 선포하는 교회가 성장하는 교회다.

이제 교회 성장의 개념과 신학은 하나님 나라의 성장으로 발전되어야 한다. 교회는 그 본질이 하나님 나라 공동체이기 때문이다. 교회 성장이 모든 사역자의 정체성이 될 때 퓨처 처치가 가능해진다. 정체성이란 "개인이 굳게 헌신하는 가치와 신념으로 구성된 자아개념"이다. 가장 헌신하는 그것이 바로 정체성이다. 교회 성장이, 퓨처 처치가 정체성이 될 때 교회 성장의 벽이 돌파될 수 있다. 성장형 마인드셋은 4C로 이루어진다. Commitment(전념), Courage(용기), Capability(역량), Confidence(자신감)가 그것이다. 가장 원하는 것에 전념과 용기와 역량과 자신감을 가지고 헌신하는 것이 자유를 얻는 유일한 방법이다. 성장형 마인드셋으로 내가 먼저 변화할 때 교회 성장의 돌파가 이루어질 것이다.

CHAPTER 02

돌파 목표를 설정하고 실행하라

퓨처 셀프가 된다는 것은 미래의 꿈을 그리는 것으로 한 번 살아 보고, 그 미래를 현재에 실제로 살아 보면서 수정 보완하며 산다는 뜻이다. 즉 인생을 두 번 사는 것처럼 하는 것이다. 퓨처 처치의 개념도 마찬가지다. 아직 도달하지 않은 미래 교회를 마음속에서 먼저 목회해 본 후에 그 그림을 따라 실제로 현재 교회를 목회하는 것이다. 그러므로 현재를 개선하는 최선의 방법은 미래를 더 크고 명료하게 그리는 것이다. 그것을 꿈, 비전, 목적이라고 부른다. 인간은 본능적으로 미래를 향해 나아가는 것을 좋아한다.

교회 성장형 비전을 명확히 하라

앞에서 우리의 궁극적 목표를 결과 목표라고 했고, 그 결과 목표를 단계별로 실행하는 계획을 행동 목표라고 했다. 결과 목표를 목적적 목표(Ends Goal)라고 하고, 행동 목표를 수단적 목표(Means Goal)로 부를 수도 있다. 쉬운 말로 결과 목표가 목적(사명)이라면, 행동 목표는 비전 혹은 우리가 일반적으로 말하는 목표라고 해도 무방하다. 신약교회를 세워 영혼을 구원하고 제자 만드는 것이 우리의 목적이라면, 언제까지 몇 명이 모이는 어떤 교회가 되는 것은 나만이 이룰 수 있는 비전 혹은 목표라고 할 수 있다. 목적은 개척자에게 정말 중요한 일이다. 그 자체가 하나님이 원하시고, 개척자가 원하기 때문이다. 그 일을 이루기 위한 실제적 수단이 되는 것이 구체적인 비전 혹은 목표다.

신약교회를 돌파하기 위해서는 신약교회를 확실히 마음에 품고, 구체적인 교회 성장형 비전(Church Growth Vision)이 명확해야 한다. 신약교회를 이해하고 퓨처 처치를 꿈꾸려면 숫자로 표시되는 목표와 구체적인 실행계획이 있어야 한다. 즉 청사진(목적, 비전)과 함께 설계도(목표, 계획)가 마련되어야 하는 것이다. 무슨 일이든지 목적의식과 목표설정이 확실해야 성공한다. 교회의 존재 목적이 분명하고, 목적을 이루기 위한 목표와 실행계획이 확실한 경우 메뉴얼(목회백서)을 따라 최선을 다하면 건강한 신약교회, 퓨처 처치로 성장할 것이다. 비전과 헌신이 있는 교회, 선택과 집중이 확실한 목사는 개척 이후 성장할 수 있다. 지도자가 비전을 분명하게 제시하고, 따르는 자들이 그 비전을 이루기 위해 합심 단결하고 전념하면 변화와 돌파와 성장이 가능하다.

비전이란 과연 무엇인가? 비전은 하나님의 능력을 담는 그릇이요, 보이지 않는 것을 미리 보는 것이다. 그리고 사명을 위한 청사진이고, 성령께서 시키시는 일이다. 진리의 성령이 오시면 그가 인도하시고 말씀하시고 장래 일을 알리신다고 했다(요 16:13). 그래서 꿈과 비전을 성령의 언어라고 한다.

목표 자체가 비전이라고 할 수 없지만 비전이 있으면 이를 이루기 위한 목표가 설정되어야 하고 계획이 수립되어야 한다. 비전과 목표와 계획은 항상 함께 간다. 목표는 믿음의 선언이요, 비전의 옷이다. 비전과 목표의 유익은 무엇인가? 비전은 방향을 제시하고, 조직을 하나되게 하고, 동기를 부여하고, 헌신과 후원을 가져오고, 정확하게 평가할 수 있게 한다. 무엇보다 비전은 그 자체로 우리를 행복하게 한다. 지금 아무것 없어도 비전이 있으면 신나고 행복하고 열정으로 벅차다. 그래서 퓨처셀프가 있으면 현재가 의미 있고 가치 있고 감사가 충만한 삶이 되는 것이다.

나는 아내와 4년간 연애했는데, 그때 나는 가난한 학생이었다. 아내도 풍족하지 않았지만 그래도 직장에 다니고 있었기 때문에 나보다는 나았다. 나는 가진 것은 없었지만 꿈과 비전이 있었다. 그래서 우리가 만나면 차 한 잔 시켜 놓고 끝없이 이야기했다. 과거도 자랑할 것이 없었고 현재도 힘들었지만 미래의 꿈이 있었기에 신나고 행복했다. 나는 당시 여자 친구인 아내에게 거의 대부분 미래 이야기만 했다. 일종의 꿈수표를 남발한 것이다. 공부 열심히 해서 유학을 가서 박사 학위를 받고 교수가 되고 집을 사고 아내를 행복하게 해주겠다고 침을 튀기며 떠벌렸다. 아내는 고맙게도 열심히 들어 주었다. 그뿐 아니라 밥값을 대신 내주면서 이다음에 갚으라며 나를 인정하고 격려해 주었다. 놀랍게도 그 모든 퓨처 셀프가 다 이루어졌다. 주님의 은혜로 내가 꿈꾼 것 이상으로 이루어졌다. 그때부터 나는 퓨처 셀프의 파워를 무의식중에 활용했다.

가슴을 뜨겁게 하는 숫자를 창조하라

목적의식과 비전은 한 인간을 놀랍게 바꾼다. 비전은 정체성과 가치관과 성격까지 바꿀 수 있다. 비전에 전념하면 하늘의 섭리도 움직인다. 비전과 목표는 새로운 자질과 기술을 개발하며 변혁적 경험을 선택하게 한다. 그리고 목표가 과정을 결정한다. 도전적인 목표는 사고를 확장시키고 기존의 틀을 깨는 혁신적인 아이디어를 찾게 한다.

비전에는 이런 놀라운 힘이 있지만, 비전을 방해하는 요소도 있다. 비전을 방해하는 여섯 가지 요소는 전통, 두려움, 무사안일, 자기 만족, 만성적 피곤, 그리고 근시안적 사고다. 교회성장형 목회자가 되려면 이런 방해 요소를 물리치고 '돌파 목표'를 세워야 한다. 노력보다 목표가 더 중요하다. 전념하기 전에 나아가야 할 방향, 이루어야 할 목표가 분명해야 하는 것이다.

그러면 어떤 목표를 설정해야 하는가? 간단하다. 내가 개척한 교회, 내가 목회하는 교회가 몇 명의 교회가 되고 싶은가를 먼저 정하라. 그 숫자는 최대한 비신자를 구원한 영혼의 숫자가 되어야 한다. 지금까지 누누이 강조한 회심과 회복과 회동의 숫자다. 앞에서 이미 30-50명을 확보하고 개척하자고 했다. 그 숫자에서 시작해서 1백 명, 2백 명, 3백 명, 그리고 그 이상의 숫자를 돌파 목표로 정하는 것이다. '언제까지 몇 명'의 건강한 신약교회가 당신의 퓨처 처치가 되도록 하라. 자신이 정말 원하는 숫자를 기도와 숙고를 통해 정해 보는 것이다. 다른 사람 신경 쓰지 말고, 자신이 진정 원하는 것을 정하는 게 중요하다.

내가 썼던 책에서는 그 당시 가능할 것 같았던 돌파 목표를 3백 명으로 잡았다. 그러면서 그 이유를 열 가지 들었다. 첫째, 대다수 교회가 3백 명 미만이기 때문이다. 둘째, 목회자가 가장 돌파하고 싶은 숫자가 3백이다. 셋째, 가장 깨뜨리기 어려운 1차 장벽이기 때문이다. 넷째, 중대형 교회로의 도약이 가능한 숫자다. 다섯째, 3백 명이 되면 인적, 재정적 완전 자립이 가능하다. 여섯째, 지역사회 봉사 및 세계선교가 가능하다. 일곱째, 분립 개척 및 후원이 가능하다. 여덟째, 민족복음화의 지름길이다. 아홉째, 목회의 전문성과 다양성이 가능하다. 열 번째, 교회가 행복하고 하나님께 영광이 된다. 이렇게 '3백 돌파 비전'을 책정하고(making), 침투시키고(casting), 실현하는(doing) 단계를 통해 10년, 20년이 지나서 실제적으로 대형교회가 된 사례가 여러 건 있다.

이제 한 세대가 지난 지금은 3백 명 돌파 목표가 비현실적이라는 말을 듣고 있다. 그러나 퓨처 처치가 확실한 사람은 지금도 기적을 일으킬 수 있다고 믿는다. 백 명이든 3백 명이든 현실과 환경을 보지 말고 하나님을 바라보고 가슴을 뜨겁게 하는 숫자를 창조해 보라. "열 배가 두 배보다 쉽다"라는 주장을 근거로 《10배 마인드셋》이라는 책을 쓴 댄 설리번과 벤저민 하디는 목표가 불가능할수록 그것을 이루기 쉽다는 역설적인 논리로 수많은 사람과 조직을 변혁시켰다. 그들에 의하면 '거대한 변화를 이루는 목적'(MTP, Massively Transformative Purpose)이 정말 확실하다면 그 원대하고 영감을 주는 목적을 추구하기 위해 삶 전체가 변할 수 있다고 주장한다.

불가능한 목표가 실제 가능한 목표보다 더 실용적인 이유는 현재의 지식과 고정관념을 과감하게 깨뜨려야 하기 때문이다. 원대한 목표를 이루는 경로는 깊은 성찰이 필요하고, 높은 레버리지를 제공하는 소수의 전략과 관계에 집중하게 한다. 그 목표를 이루는 가장 중요한 20퍼센트에 집중하고, 성장을 방해하는 나머지 80퍼센트를 걸러내게 한다. 자신과 주변의 모든 것을 근본적으로 변화시켜야 하기 때문이다. 더 적은 노력으로 더 나은 결과를 얻는 방법에 몰두하게 하고, 질적 성장과 비전과 집중력을 중요시 여기게 된다. 덜 중요한 현재의 80퍼센트를 포기함으로써 시간과 재정과 관계와 목적의 개인적인 자유를 양과 질적 차원에서 비약적으로 증가시킨다는 것이다.

개인적으로 나는 상징적인 예시의 숫자로 요한복음 21장에 나오는 숫자 '153'을 조합한 목표를 제시해 본다. 그 장면에서 베드로가 주님의 지시대로 깊은 데로 그물을 내린 것은 깊은 영성과 원리를 상징하고, 배 오른편에 그물을 내린 것은 전략과 방법을 상징한다고 생각해 보았다. 그 153을 가지고 이렇게 돌파 목표로 세워 보자. 개척할 때는 한 명의 개척자가 다섯 개의 목장을 만들어 30명의 전도된 정착 신자를 확보하는 것이다. 개척한 이후에는 150명의 장년 신자가 50명의 주일학교에 30개의 목장을 만드는 것을 목표로 설정해 보는 것은 어떨까? 그러면 아이들까지 2백 명 넘는 출석 성도를 가지게 되고, 그때부터 30-50명을 분립 개척하는 새로운 비전을 세울 수 있을 것이다. 어떤 식이든 153의 숫자를 가지고 조합해서 몇 명이 되든 자신의 마음에 불꽃을 피우는 돌파 목표를 세우고 그것을 언제까지 이루겠다고 결단하고 실행해 보라.

노먼 빈센트 필(Norman Vincent Peale)이 말했다.

"달을 향해 쏴라. 빗나가도 별들 사이로 떨어질 것이다."

CHAPTER 03

퓨처 처치를 날마다 생각하라

영혼을 구원하고 제자를 세우는 신약교회를 교회론으로 하고, 신약교회를 위한 돌파 요소(BREAK, 설교 | 사람 | 전도 | 기도 | 성령)를 목회철학으로 삼고, 분명한 교회의 출석 목표(153)를 세웠다면 그것이 바로 당신의 퓨처 처치가 되어야 한다. 그 방법은 이미 Part 1에서 자세하게 다뤘다. 그러므로 이 부분을 다시 읽으며 자신이 세운 비전과 목표의 그림을 명확히 하기 바란다. 가장 중요한 것은 미래의 목표가 궁극적인 목적에서 벗어나지 않아야 한다. 그리고 목표는 세 가지 이상 되지 않아야 한다. 그 세 가지를 우선순위에 맞추어 기간을 정하고 그 기간까지 이룰 것을 믿고 행동해야 한다.

창조는 성경적인 상상에서 시작한다

비전과 목표를 이루는 데 가장 중요한 것은 그것을 먼저 삶에서 내 것으로 만드는 과정이 확실해야 한다. 누구나 목표를 세울 수 있다. 그 목표를 따라 행동하는 것도 바로 할 수 있다. 그러나 작심삼일이라고 얼마 안 가서 행동이 사그라지고, 정한 목표조차 희미해진다. 교회 목표를 거창하게 정하지만, 그것이 정말 내 것이 되지 않으면 성도들도 외면한다. 그러므로 미래의 목표 즉 퓨처 처치가 '지금 되어야' 한다(Be Your Future Church Now). 나도 개척 당시 멋진 비전을 만들고, 매 해마다 교회의 목표를 그럴듯하게 만들어서 비전 선언문이나 슬로건을 주보에 인쇄하고 플래카드를 만들어 교회 성전에 붙여 놓았다. 그러나 정말 그것이 내 존재가 되도록 절실하게 몰두하거나 경험한 적은 없었던 것 같다.

꿈과 비전 그리고 목표를 달성하는 핵심적인 방법은 그것을 마음속에 이미 이룬 것처럼 상상하고 느끼고 입으로 선포하는 것이다. 이른바 창조적 시각화(Creative Visualization)와 담대한 선포(Confident Affirmation)를 지속적으로 반복하는 과정이 필요하다. 그것이 바로 퓨처 처치의 원리다. 마음속에서 먼저 현실을 경험하는 것이다. 그것이 바로 비전이 현실이 되는 과정이다. 뇌과학에서는 인간의 뇌가 실제 경험과 생생하게 상상한 것을 구분하지 못한다고 한다. 즉, 당신이 미래에 이루고 싶은 목표를 자세히, 감정을 실어 상상하면 뇌는 그것을 현실로 받아들인다는 것이다. 그래서 뇌는 그에 맞는 행동, 습관, 언어, 신념 등을 끌어당긴다.

최근에는 뇌과학뿐 아니라 양자역학(물리학)에서도 이것이 사실임을 증명한다. 물질은 에너지와 파동으로 이루어진 세계인데 물질세계는 관찰자 효과(Observer Effect)의 영향을 받는다. 이중슬릿 실험에 의하면 입자가 파동처럼 행동하다가 누군가 관찰하는 순간 입자처럼 행동한다. 이는 의식이 현실 즉 물질세계에 영향을 미친다는 것을 의미한다. 우리가 마음에서 생각으로 어떤 미래를 생생하게 그리는 것은 에너지 세계에서 그 가능성을 관찰하는 행위가 된다. 이 관찰은 단순한 구경이 아니라 의식이 에너지에 파장을 보내 특정 현실을 물질화하는 시초가 된다. 즉 시각화는 잠재적인 수많은 현실 중 하나를 선택하여 그것을 끌어오는 과정이 되는 셈이다.

상상과 함께 에너지가 되어 파장을 입자로 만드는 것이 바로 말하는 것, 즉 입술의 고백과 다짐이다. 과학에서도 말, 즉 소리는 파장이며 에너지로 여긴다. 말은 단지 의사소통의 수단 이상이다. 파동을 가진 창조의 수단이다. 그 파동이 입자, 즉 현실의 물질을 만드는 것이다. 비전을 상상하고 그것을 입으로 선포하고 고백하면 에너지 파동이 더욱 증폭된다. 그래서 주변 현실을 그 파장에 맞추어 새롭게 정렬하게 된다. 그것이 바로 창조 행위가 되는 것이다. 창조적 시각화와 언어의 고백을 통한 비전의 실현은 성경적 근거와 신학적 시각으로도 받아들여진다. 물론 이 주제에 대해서는 다양한 의견이 존재할 수 있기에 개인적인 선택과 확신에 맡긴다.

믿음이 현실을 바꾼다

성경에서 하나님은 인간에게 어떤 새로운 일을 맡기실 때 먼저 믿음으로 보게 하시고 말하게 하신다. 하나님이 아브라함에게 열국의 아버지가 될 것이라는 비전을 주실 때 그를 이끌고 밖으로 나가서 수많은 별을 보여 주시면서 "네 자손이 이와 같으리라"라고 하셨다(창 15:5-6). 이 '보게하심'은 단순한 상상이 아니다. 하나님의 약속된 미래에 대한 확신을 심어 주는 시각화이다. 또한 하나님은 말씀으로 천지를 창조하셨다. 히브리서 11장 3절에서 "믿음으로 모든 세계가 하나님의 말씀으로 지어진 줄을 우리가 아나니 보이는 것은 나타난 것으로 말미암아 된 것이 아니니라"고 했다. 하나님의 창조는 말씀으로 이루어졌고, 우리의 고백도 그 말씀을 따르는 창조적 행위다.

믿음의 사람들은 말로 고백함으로 현실을 바꾼다. 마가복음 11장 23절에 "누구든지 이 산더러 들리어 바다에 던져지라 하며 그 말하는 것이 이루어질 줄 믿고 마음에 의심하지 아니하면 그대로 되리라"고 했다. 로마서 10장 10절에도 "사람이 마음으로 믿어 의에 이르고 입으로 시인하여 구원에 이르느니라"고 했다. 말의 선포는 믿음의 완성이며, 영적 실재(realty)를 움직이는 도구다. 고백은 단순한 심리적 위로가 아니라, 하나님의 말씀을 현실에 적용하는 행위다. 세상에서 이 원리를 활용하여 신비주의, 긍정주의, 자기계발, 성공주의에 사용하고 있지만, 성경적인 상상과 다짐의 법칙은 근본적으로 다르다. 믿음의 시각화와 선포는 하나님의 말씀에 뿌리내릴 때 온전하고 강력해진다. 당신의 비전은 자기 주장이나 암시가 아니다. 하나님의 말씀에 근거한 믿음의 반응이다.

비전을 믿음으로 이루는 단계는 단순하다. 첫째, 비전을 상상한다. 하나님이 약속하신 미래를 묵상하고 구체화하는 것이다. 둘째, 감정을 이입한다. 하나님이 주신 꿈을 살아 내는 시도다. 셋째, 입술로 고백한다. 말씀에 기반해 믿음의 선포를 하는 것이다. 넷째, 그것을 행동으로 옮기되 반복하고 지속한다. 믿음의 실천을 지속하는 것이다. 이것은 신비주의나 인간 중심의 자아실현의 과정과 스타일은 비슷하지만, 동기와 목적과 그 중심은 전혀 다른 차원이다. 나라는 인간이 중심이 아니라 하나님과 그의 영광이 궁극적인 목적이기 때문이다. 하나님은 우리가 하나님을 기쁘시게 하는 믿음 안에서 창조적인 삶을 살기 원하신다. 교회나 목회도 그런 하나님의 목적을 이루는 창조적인 행위가 되어야 한다.

일찍이 조용기 목사는 그의 책《4차원의 영성》에서 눈에 보

> 비전의 시각화, 감정의 이입, 말의 선포,
> 일관된 행동이라는 단계를 통해 날마다 퓨처 처치를
> 내 것으로 만들어 이를 하루의 습관으로 삼는 것이
> 목표를 이루는 데 가장 효과적이다.

이는 삼차원의 세계 위에 존재하는 보이지 않는 사차원의 세계를 소개하고 그것을 교회 성장의 꿈을 이루는 방법으로 사용하여 세계적으로 큰 영향을 끼친 바 있다. 4차원의 영성은 생각, 꿈, 믿음, 말이라는 네 가지 구성 요소를 역동적으로 작용해 현실, 즉 3차원을 변화시킨다. 믿음의 꿈을 꾸고 마음의 큰 스크린을 만드는 것이 비전을 상상하는 것이다. 믿는 대로 감정을 느끼면 믿음을 현실화하는 데 도움이 되는데, 그것이 바로 감정이입이다. 이미 이루어진 것처럼 느끼는 것이다. 긍정의 말을 강하게 선포할 때 4차원의 세계가 반응하고, 계속 믿음으로 고백하면 믿음이 강력해지고, 그 믿음이 현실을 바꾼다는 것이다.

이 모든 것은 신비주의적인 상상이 아니다. 말씀에 기초한 믿음의 실제적 적용이다. 시각화는 말씀을 마음의 그림으로 새기는 묵상이다. 고백은 말씀에 대한 믿음을 선포하는 행위다. 그리고 행동은 그 말씀에 대한 믿음을 보여 주는 열매다. 하나님의 약속된 미래, 즉 퓨처 처치를 믿음으로 보고, 그것을 입술로 선포하며, 삶과 사역으로 순종하는 것, 그것이 바로 4차원의 영성이라고 할 수 있다. 이와 같이 비전의 시각화, 감정의 이입, 말의 선포, 그리고 일관된 행동이라는 단계를 통해 날마다 퓨처 처치를 내 것으로 만들어 이를 하루의 습관으로 삼는 것이 목표를 이루는 데 가장 효과적이다.

예를 들어 매일 기도와 일기 쓰기를 활용하여 아침저녁으로 퓨처 처치를 내면화 하라. 아침에 창조적 선언과 시각화를 하고, 저녁에 감사의 고백을 하며, 미래를 다시 확신하는 것이다. 이를 위해 목표나 비전 선언문을 종이에 쓰고, 그것을 읽고 이루어지는 모습을 상상하고, 하루를 그 목표를 이루기 위해 최선을 다했는지 점검하고, 잘한 것은 칭찬하고, 또 그 비전을 이룰 것을 각오하고 결단하는 시간을 가지라. 예를 들어 앞으로 5년 안에 1백 명이 출석하는 건강한 신약교회를 퓨처 처치로 삼았다면 다음과 같은 비전 선언문을 만들 수 있다.

"나는 부르심을 받은 목사로서 하나님이 맡기신 사명을 기쁨으로 감당합니다. 나는 지금 이 순간에도, 잃어버린 영혼들이 복음을 듣고 회복되는 건강한 신약교회를 세워 가고 있습니다. 이 교회는 사랑과 말씀, 기도와 성령의 역사로 움직입니다. 그리고 백 명의 성도가 그리스도의 제자로 자라고 각자 삶의 현장에서 예수님의 향기를 전하는 공동체입니다. 나는 날마다 하나님의 은혜로 채움받고, 필요한 모든 자원과 사람과 문이 열리고 있으며, 그 흐름에 민감하게 순종하며 나아갑니다. 나는 하나님의 때에, 하나님의 방법으로, 하나님의 교회를 세울 것입니다. 그리고 이미 그 일이 이루어졌음을 믿음으로 선언합니다. 지금 나는 그 미래를 보고 있고, 비전을 이루는 과정 속에 있습니다. 하나님께 모든 영광을 돌립니다. 예수님의 이름으로 선포합니다. 아멘."

목표 달성 과정을 이처럼 머릿속에서 시각화하는 것은 열심히 일하는 것보다 더 중요하다. 그 과정을 글로 쓰는 것은 더 중요하다. 종이에 최고 목표를 쓰고 그 목표를 달성할 기간, 장애물, 대응책 등을 쓰라. 마크 빅터 한센(Mark Victor Hansen)이 말했다.

"꿈과 목표를 종이 위에 기록하는 것, 그것이 원하는 사람이 되기 위한 방법이다."

일기는 내가 원하는 것을 이미 갖고 있다고 자신을 설득하기에 아주 좋은 도구다. 단순히 과거를 기록하는 것이 아니라, 미래를 구상하고 전략적으로 접근하는 일기 쓰기는 목표를 내면화하고 명료화하는 효과적인 방법이다. 일기를 쓰기 전에 기도하고 자신의 비전이나 목표를 검토해 보라. 과거, 현재, 미래에 감사한 일들을 적어 보라. 일기를 쓰고 생각을 시각화하고 미래로 나아갈 장소를 구체적으로 지정하라. 그리고 다짐하라.

"나는 오늘 성공할 것이다. 오늘 목표를 이룰 것이다. 인생은 경이롭다. 하나님이 나를 도우신다."

나는 올해 첫날부터 빠짐없이 일기를 쓰기 시작했는데 일기를 쓰지 않을 때와 완전히 다른 삶이 되었다. 감사하고 충만한 마음으로 일기를 쓰면서 치유와 변화를 경험한다. 관점이 바뀌고 긍정적인 기대를 하게 된다. 과거와 현재보다 미래의 나의 모습과 사역에 흥분하며 행복감을 느낀다. 그런 감정들이 잠재의식을 업그레이드 하고 궁극적으로 미래의 자신을 만들어 줄 것이다. 그러니 그냥 쓰라. 글의 내용에 지나치게 집착하지 말고, 그냥 자신의 꿈과 목표와 퓨처 셀프를 적어보는 것이다. 퓨처 셀프, 퓨처 처치가 현실이며 성공할 것이라는 기대와 흥분을 담아 써 보라. 앞으로 나아가기 위해 무엇을 해야 할지 생각해 보고, 지금 해야 할 일들과 연락해야 할 사람들을 전부 적어 보라. 그 일기장이 새로운 세계가 될 것이다. 날마다 퓨처 처치를 상상하고 말하고 쓰고 행동하라. 쉽지 않겠지만, 그것이 일상이 되고 루틴이 된다면 반드시 퓨처 처치는 현실이 될 것이다. 비전은 당신의 가장 큰 자산이다.

CHAPTER **04**

전도와 설교에 목숨을 걸라

벤자민 하디는 1년이라는 짧은 기간에도 평생 최대의 성취를 이룰 수 있다고 강조한다. 그 방법으로 여섯 가지를 제시한다.

> 1 좋은 메시지를 머리에 입력하라 (input)
> 2 불가능할 정도의 위대한 비전을 품으라 (mission impossible)
> 3 강력한 믿음으로 하나님께 기도하라 (persistent prayer)
> 4 수도사처럼 집중하고 전념하라 (monk mode)
> 5 꿈이 이루어진 것을 상상하라 (visualization)
> 6 점검과 재창조의 휴식을 취하라 (space)

이제부터는 신약교회, 퓨처 처치를 위한 돌파 요소(BREAK, 설교 | 사람 | 전도 | 기도 | 성령)에 전심전력해야 한다. 그 첫째는 전도(evangelism)와 설교(bible)에 목숨을 거는 것이다. 교회가 성장하려면 일단 사람을 모아야 한다. 그리고 찾아온 사람들에게 삶

을 변화시키는 설교를 해야 한다. 개척한 교회가 굳건히 자리잡고 성장의 벽을 돌파하기 위해서는 사람들이 찾아와야 한다. 교회 개척자에게 사람을 모으는 능력은 매우 중요하다.

전도 잘하는 교회가 돼라

교회 성장은 전도다(Church Growth is Evangelism). 아니, 교회는 전도다(Church is Evangelism). 그러므로 개척부터 전도하는 교회가 되어야 한다. 작은 교회일수록 더욱 전도해야 한다. 단순히 사람을 데리고 오는 것이 아니라, 영혼 구원이라는 주님의 명령을 사명으로 알고 전념해야 한다. 전도의 핵심 원리는 관계 중심에 앞서 사명 중심이 되어야 한다. 전도는 프로그램이 아니라 삶이라는 관점이 중요하다. 전도 잘하는 교회가 되기 위해서는 어떻게 해야 할까?

첫째, 목회자가 먼저 전도의 모델이 돼라. 교인들에게 전도를 요구하기 전에 목회자 스스로 전도의 본이 되는 것이 가장 강력한 전도 메시지다. 개척에 성공하거나 성장의 벽을 돌파하는 작은 교회의 목회자는 거의 대다수 전도에 목숨을 건 자들이다. 매주 한두 명 이상을 직접 만나 복음을 전하거나 목장과 교회에 초청하는 것을 목표로 삼아라. 목사부터 예배 시간에 짧은 전도 간증을 함으로써 '전도하는 교회 분위기'를 만들라. "이

번 주에 제가 식당 사장님에게 전도했어요. 그분이 다음 주에 교회 오시기로 했습니다"는 식의 간단한 나눔이 강력한 파급력을 불러온다. 목사의 삶이 전도의 루틴이 되어야 한다. 어떤 일이 있어도 정한 시간에는 전도하는 것으로 일상을 정하라. 전도하고 접촉한 사람들을 위한 팔로업 노트를 개인별로 작성하라. 항목, 이름, 만난 장소, 첫인상과 상황, 복음의 반응, 기도 제목, 후속 조치, 최근 접촉일, 다음 접촉 계획, 메모 등의 내용을 A4 1인 1장으로 관리하면서 기도노트 혹은 전도노트로 활용하면 좋다.

둘째, 전도하기 쉬운 문화와 환경을 만들라. 전도하는 교회가 되기 위해서는 사람들이 '데려오고 싶은 교회'가 되어야 한다. 이미 Part 2에서 목장을 통해 자연스럽게 전도하는 협업 관계를 이야기한 바 있다. 신약교회의 존재 목적이 영혼 구원과 제자 세우는 것임이 교회론과 목회철학에 녹아 있다. 전도의 중요성이 이미 교회 전체에 심겨 있다.

그러므로 교회 인테리어부터 예배와 모든 프로그램이 비신자 중심이 되도록 하라. 작지만 아늑하고 환한 분위기를 만들라. 전도 대상자를 위한 비신자용 모임을 운영하는 것도 좋다. 커피 브레이크, 비신자 초청 독서모임, 부모교실 등을 만드는 것이다. 교회 밖의 카페나 공원, 성도의 집과 같은 중립적인 장소에서 진행하면 부담이 적을 것이다. '전도의 날'을 개최하고 초청행사나 캠페인 등도 지금 시대에 맞춤 형식으로 하면 전도의 가능성은 얼마든지 있다.

　셋째, 전도에 올인하는 전도팀 혹은 전도 특공대를 만들라. 전도에 마음이 있는 사람을 선발하라. 이왕이면 전도의 은사가 있는 자가 팀장이 되게 하라. 와그너 박사에 의하면, 일반적으로 한 교회에서 출석성도의 10퍼센트가 전도의 은사를 받은 사람이라고 한다. 나머지 90퍼센트는 전도의 은사는 없지만 전도의 역할 혹은 의무는 있는 사람이다. 전도하는 교회로 성장하려면 전도 은사자들이 집중적으로 전도하고, 나머지 성도들은 그 전도된 사람들을 돌보고 섬기게 하면 죄책감이나 부담감 없이 전도 목회를 활성화할 수 있다.

　전도특공대는 말 그대로 전도라는 특수 임무를 위한 팀이므로 특별 관리가 필요하다. 철저하게 훈련시키고 지속적으로 양육한다. 열매에 대해서는 격려하고 포상하되, 문제가 발생하면 즉시 처리해 주어야 한다. 전도 은사자 한 명만 있어도 목사 부부와 한두 사람이 힘을 합하면 얼마든지 전도팀을 만들 수 있다. 전도특공대가 매주 한 사람이라도 새로운 비신자를 교회로 초청한다면 교회 분위기가 엄청나게 활성화될 것이다.

지금 이 자리에 필요한 설교를 하라

신약교회가 건강하게 성장하려면 예배, 그중에서도 설교가 좋아야 한다. 설교는 예배의 꽃이다. 설교를 잘하는 모든 교회가 성장하는 것은 아니다. 그러나 성장하는 교회는 예외없이 목사의 설교가 좋다. 사람들은 설교 때문에 교회를 오고, 또 교회를 떠난다. 설교를 잘하는 것은 확실히 성령의 은사다. 그러나 설교를 준비하는 것은 우리의 노력과 헌신에 달려 있다. 아무리 은사가 뛰어나도 끊임없이 연구하고 노력하지 않으면 훌륭한 설교자가 될 수 없다. 그러므로 설교자는 좋은 설교, 성장형 설교를 하기 위해서 연구하고 힘쓰고 애써야 한다.

좋은 설교자가 되기 위해서는 설교의 본질부터 알아야 한다. 설교란 무엇인가? '설교란 사람들의 필요를 채우도록 설교자의 삶을 통해 쏟아붓는 하나님의 진리'다. 이 정의를 묵상하면서 설교자는 항상 세 가지 질문을 던져야 한다. "우리의 설교가 진리인가?", "우리의 설교가 먼저 나의 삶에 감동을 주는가?", "우리의 설교가 과연 사람들의 필요를 채워 주고 있는가?". 하나님의 진리, 목회자의 감동, 사람들의 행복, 이 세 가지가 확실하면 성장의 벽을 돌파할 수 있을 것이다. 나는《교회 성장 마인드》에서 '교회 성장형 설교'의 일곱 가지를 요약한 바 있다. 첫째, 성경에 기초한 설교(Bible-based), 둘째, 성령 충만한 설교(Spirit-filled), 셋째, 그리스도 중심의 설교(Christ-centered),

넷째, 생활적이고 실제적인 설교(Life-related), 다섯째, 긍정적인 사고의 설교(Posititve-thinking), 여섯째, 기도로 뒷받침되는 설교(Praying-supported), 일곱째, 전도와 선교를 지향하는 설교(Mission-oriented)다.

아무리 작은 개척교회라 할지라도 설교가 사람을 변화시키면 그 교회에 사람들은 오게 되어 있다. 그러므로 퓨처 처치 목회자는 설교에 목숨을 걸어야 한다. 전도와 설교에 목숨만 걸어도 교회 성장의 벽을 돌파할 것이다. 단지 인기 있는 설교가 아니라 영혼을 살리는 설교, 삶을 변화시키는 설교, 교회를 움직이게 하는 설교를 선포해야 한다. 그런 설교는 복음 중심, 실천 중심, 현장 밀착형, 성장 지향적이라는 특징이 있다. 먼저 설교자가 되기 전에 말씀에 사로잡힌 목사가 되어야 한다. 설교는 문장력이나 전달 기술이 아니다. 하나님의 감동을 받은 자가 그것을 전하는 것이다. 레이먼드 브라운(Raymand Brown)은 "설교가 힘이 없는 것은 설교자가 먼저 무릎을 꿇지 않기 때문이다"라고 했다.

'지금 이 자리에 필요한 설교'를 선포하라. 성도들의 문제, 지역의 현실, 시대의 고민을 깊이 경청하고 사람들의 갈망을 해결하기 위해 하나님의 말씀을 연결해 주는 설교를 하라. '이번 주 성도들이 하나님으로부터 꼭 들어야 할 메시지는 무엇인가?'라는 물음으로 설교 준비를 시작하라. 설교 준비도 중요하지만 전달도 중요하다. 복음과 생명을 쏟아붓는 설교자의 태도를 가지라. 감정과 메시지를 함께 실어 눈을 보고 설교하라. 설교는 사람을 감동시키는 것이 아니라, 성령님이 움직이시도록 하는 통로다. 설명하지 말고 전달하라. 강요하지 말고 설득하라. 설교한 후에는 반드시 피드백을 거쳐야 한다. 혼자 복기하는 시간을 가지고, 설교자를 돕는 설교팀의 반응과 분석을 받으라. 설교 전에 그 팀 앞에서 설교 리허설을 가진다면 금상첨화다.

성장의 벽을 돌파하기 위해서는 비신자가 듣는 설교, 비신자를 교회로 끌어당기는 설교에 집중해야 한다. 단순히 복음만 전하는 설교가 아니라 '지금 내 삶에 꼭 필요한 이야기인데, 그 안에 예수가 계셨다'라고 느껴지는 설교를 해야 한다. 핵심 원칙은 공감-연결-복음-결단으로 이어진다. 비신자의 상황과 고민에 깊이 공감해야 한다. "요즘 마음이 너무 힘드셨지요?" 등의 삶의 질문에서 말씀으로 자연스럽게 연결하라. "성경은 이럴 때 뭐라고 할까요?" 예수님이 답이심을 선포하라. "하나님이 당신을 그냥 두지 않으셨습니다."

마지막으로 행동 또는 믿음의 반응을 이끌어 내라. "예수님을 마음에 모시겠습니다." 지금 비신자들이 듣고 싶어하는 설교 주제들을 연구하라. 예를 들어 불안과 스트레스, 외로움과 단절, 인생의 방향 상실, 죄책감과 수치심, 교회와 크리스천에 대한 실망, 젊은이들의 허무와 절망 등과 같은 현대인들의 갈망과 상실에 대해 민감해야 한다.

설교에 목숨 걸기 위해서 설교자는 한 주간의 루틴 가이드를 가지고 있으면 도움이 될 것이다. 설교 준비의 큰 흐름은 다음과 같다. 첫째, 말씀 앞에 엎드리는 내면의 준비를 한다. 둘째, 청중을 이해하고 현실을 관찰한다. 셋째, 설교 구조를 세우고 자료를 수집한다. 넷째, 기도 속에서 설교를 작성한다. 다섯째, 선포를 연습하고 적용점을 점검한다. 여섯째, 설교 후 피드백과 성장을 위한 반성을 한다.

한 주간 구체적인 설교 준비도 요일별로 정할 필요가 있다. 말씀 묵상과 본문 선정, 필요에 따른 주제 설정, 개요와 자료 수집, 원고 작성과 다듬기, 기도와 묵상으로 말씀 품기, 선포와 피드백 기록 등의 순서로 시간을 정하라. 말씀 묵상을 위한 노트, 청중 분석을 위한 노트를 만들라. 피드백을 받고 기록하라. 설교를 위한 독서와 기도의 시간을 반드시 확보하라. 내가 말씀을 붙들면, 하나님이 교회를 세우신다.

작은 교회에서의 설교는 수백, 수천 명 앞에서 선포하는 것과는 달라야 한다. 50명 이하의 작은 공동체에서 하는 설교는 맞춤형이어야 한다. 우리 공동체에 지금 필요한 말씀은 무엇인가 고민해야 한다. 복잡한 구조보다 이해하기 쉽고 단순해야 한다. 무엇보다 말씀이 감정과 정서에 닿아야 한다. 그리고 항상 실천을 위한 적용이 확실해야 한다. 설교 후에 그 자리에서 그룹별로 서로 나눌 수 있으면 더욱 좋다. 외치고 선포하기보다 대화식으로 하라. 본문은 짧게, 적용은 길게 하라. 예화는 내 이야기, 우리 이야기, 즉 성도와 함께 겪은 이야기가 되게 하라. 설교를 듣고 목사에게 직접 와서 말할 수 있는 교회, 설교자가 우리 삶을 아는 교회, 그것이 작은 교회의 강점이다. 작은 교회에서는 설교가 공감-감동-순종-변화로 이어지는 통로가 될 수 있어야 한다.

그 어떤 것보다 설교자가 하나님을 먼저 만나야 한다. 성령의 기름부으심을 받아야 한다. 기도로 설교를 준비하지만, 설교하기 전에 집중적으로 '소나기 기도'(Shower Prayer)를 드리라. 김인중 목사는 개척부터 은퇴까지 토요일 하루는 기도원에서 주일설교를 준비하며 기도했다. 최영기 목사는 교회에서 설교 직전 20분을 집중적으로 기도했다. 조용기 목사는 설교하기 전 3시간은 반드시 상상 속에서 미리 설교하는 시간을 가졌으며, 성령님이 직접 말씀하시도록 요청하는 기도를 루틴으로 삼았다. 내가 조용기 목사와 함께 해외여행을 할 때마다 저녁 집회를 위해 아침부터 하루 종일 숙소에서 나오지 않고 기도하는 모습을 종종 목격했다. 설교 작성을 위해 준비하는 만큼 설교를 위해 기도할 수만 있다면 어떤 설교를 해도 교회는 성장할 것이다. 설교는 교회의 심장이다.

CHAPTER 05

소그룹 리더와 봉사자를 세우라

　신약교회, 퓨처 처치의 성장을 위한 돌파 요소의 두 번째 핵심은 사람(people)이다. 내가 교회를 개척한 이후 가장 후회되는 것 중 하나는 평신도를 진정한 예수 제자요 교회 사역자로 많이 키우지 못한 것이다. 하나님이 보내 주신 가능성이 큰 수많은 성도들을 주일성수, 십일조, 십계명 지키는 것, 그리고 교회 일에 일부 바쁘게 섬기는 것에 주로 관심을 갖게 한 것이다. 나중에 가정교회로 전환하고 소그룹 사역 조직인 목장의 리더들(목자, 목녀)을 세우면서 평신도 사역자를 많이 세우는 것이 얼마나 중요한지를 절실하게 깨달았다. 가정교회 수백 명의 목자들을 인터뷰하면서 더욱 목자들과 동역하는 목회가 참으로 아름답고 귀하다는 것을 뒤늦게 깨달았다. 이제 돌파의 또 다른 핵심은 사람과의 협력적 관계(relationship)다.

소그룹은 시스템이 아니라 사랑이다

교회는 사람이다(Church is People). 그 사람을 잘 세워서 전체 공동체가 하나님 나라가 되는 것이 신약교회, 퓨처 처치다. 사람은 생명체이지만 동시에 그 사람들이 많이 모일 때에는 조직체가 된다. 역시 교회도 생명체(organism)이면서 동시에 조직체(organization)이다. 교회 성장의 벽을 돌파하려면 사람을 살리는 사역(ministry)도 잘해야 하지만, 조직을 잘 세우고 운영하는 사업(business)도 잘해야 한다. 말씀과 기도가 유능한데도 교회 성장에 실패하는 목회자가 많다. 그 이유는 교회라는 조직을 효과적으로 이끌어 가는 리더십, 행정력, 조직력이 부족하기 때문이다. 현대 목회자는 설교자, 목양자의 자화상에서 점점 더 지도자, 경영자로서의 정체성을 필요로 하는 것 같다.

조직이니 리더십이니 하는 말을 좀 더 직관적으로 말하면 사람을 잘 세워서 공동체의 목적, 즉 영혼 구원과 제자 훈련의 사명과 비전을 효과적으로 이루는 능력이다. 다시 말해 모든 성도를 사역자로 세워서 목회자와 함께 팀 사역을 수행하는 거룩한 수단이 되게 하는 것이다. 퓨처 처치, 신약교회는 전도뿐만 아니라 제자 훈련도 잘하는 교회다. 제자 훈련을 통해 교회 성장형 사역자들을 많이 배출해야 한다. 사역자들을 크게 대별하면 소그룹 목장을 인도하는 리더(목자)와 연합 교회를 섬기는 봉사자(제직)로 분류할 수 있다. 전통적으로 강조되고 있는 교회의 봉사자들보다 직접 전도하고 목양하는 소그룹 리더들을 더 많이 세우는 것이 교회를 성장시키는 데 효과적이다.

교회, 특히 작은 교회에서 소그룹 리더를 세우는 것은 성장의 벽을 돌파하는 데 필수적이다. 큰 교회는 부교역자들을 활용할 수 있지만, 여건이 안 되는 작은 교회는 담임목사와 함께 동역하는 평신도 일꾼을 세우고 훈련하고 함께 일하는 것이 더 절실하기 때문이다. 작은 교회에서 소그룹을 처음 시작할 때 가장 중요한 부분은 '조직'이 아니라 '사람'으로부터 시작하는 것이다. 특히 30-50명 이하의 교회는 관계가 밀접하기 때문에 소그룹의 성공 여부는 거의 리더 한 사람에게 달려 있다 해도 과언이 아니다. 소그룹 리더는 단순하게 시작하고, 관계로 성장하고, 사명으로 세운다. 우선 형식이나 조직보다 사람 중심으로 소그룹을 구성하라. 인위적으로 소그룹을 시작하지 말라. 이미 서로 잘 알고 마음을 나눌 수 있는 관계 기반에서 2-4명의 작은 단위로 자연스럽게 시작하는 것이 좋다.

그중에서 적절한 사람을 리더로 세우라. 태도와 관계와 성품이 좋은 사람을 우선 후보로 선택하라. 다음 질문에 적합한지 살펴보라. 사람을 사랑하고 영혼에 관심이 있는가? 잘 듣고 공감해 주는 성품인가? 믿음과 인격에서 본이 되는가? 성경을 가까이하고 배우려는 자세가 있는가? 목회자와 공동체의 신뢰를 받는가?

그들을 모아서 리더 훈련을 아주 작게, 현실적으로 하라. 가정교회 원형목장처럼 담임목사가 그룹 리더가 되어 말씀과 삶을 나누고 서로 기도하고 격려하는 모습을 보여 주라. 보고 배우는 훈련이 가장 효과적이고 성경적이다. 소그룹을 자라게 하는 리더의 습관 세 가지를 강조하라. 한 주에 한 사람씩 만나거나 연락하기, 말씀과 삶을 균형 있게 나누기, 기도제목을 기록하고 중보기도 해주기 등이 습관화되어야 한다.

그렇게 두세 개의 소그룹을 관계 중심으로 시작하라. 그리고 한두 사람이라도 늘면 예비 리더를 소그룹 운영에 함께 참여시키라. 6-8명이 되면 분가 번식하는 비전을 가지게 하고, 1년에 한 번씩 분가하는 것을 목표로 하라. 소그룹에도 성장을 위한 '돌파' 목표를 정하게 하고, 그 목표를 성취하는 보람을 느끼게 하라. 한 영혼이 소그룹에 들어와서 정착하고 예수님을 영접하고 세례를 받는 모습을 보면 그 소그룹 목장은 반드시 살아난다. 열매가 반복되면 목장 분가와 목자 배가 번식이 현실화될 수 있다. 작은 교회에서의 소그룹은 시스템이 아니라 사랑하는 사람을 통해 시작된다. 완벽한 것을 바라지 말고, 완수하는 것에 초점을 맞추라.

기쁨의 봉사자를 세워라

교회에서 봉사자를 세우는 것도 중요하다. 소그룹 리더들은 주로 제직이나 봉사자로 중복 활동하고 있지만, 목장의 리더가 아닌 성도들 중에서도 은사나 관심사를 바탕으로 전체 교회를 위한 부서 사역에 헌신하기를 원하는 이들이 있다. 이들에게도 기회를 줄 수 있어야 교회 성장의 돌파가 가능해진다. 건강한 교회는 소그룹 리더와 봉사자가 함께 활성화되어야 한다. 그 두 팀은 목회자의 두 날개라고 할 수 있다. 신약교회는 연합교회, 목장, 삶 공부라는 3축이 유기적으로 조화롭게 연결되어야 한다. 어떻게 하면 교회 봉사자가 많아지고, 지치지 않고 행복하게 사역할 수 있을까? 그것은 봉사자 선발, 봉사자 훈련, 봉사자 돌봄의 3단계로 가능하다.

1단계는 봉사자 선발이다. 이때는 사람보다 마음을 보아야 한다. 은사와 능력과 기술보다 마음과 태도가 더 중요하다. 무엇을 할 수 있느냐보다 왜 하려고 하는지를 먼저 물어보라. 사명감, 관계성, 지속가능한 성품, 목사와 교회 리더에게 신뢰받는 사람을 선발하라. '할 줄 아는 사람' 보다 '맡겨도 될 사람'을 찾으라.

2단계는 봉사자 훈련이다. 기술보다 태도와 자세를 가르쳐야 한다. 왜 그 일을 해야 하는지 비전을 품게 하라. 팀워크에 적합하도록 현장 중심으로 훈련하라. 탈진(burnout)하지 않도록 말씀과 기도를 통한 영적 훈련을 강조하라. 진정한 섬김이 무엇인지 이해시켜라.

3단계는 격려와 돌봄이다. 일보다 마음을 돌보아야 한다. 봉사자가 지치지 않게 하는 것이 중요하다. 정기적인 만남을 통해 격려하고 감사를 표시하고, 나들이나 수련회를 가지는 것도 좋다. 필요할 경우 일대일로 연락하고 만나라. 핵심은 사역보다 사람이 중요하다는 것을 느끼게 해주는 것이다. 행복한 봉사자가 되려면 내가 사랑받고 있다는 느낌, 내가 하는 일이 의미 있다는 확신, 그리고 내가 혼자가 아니라 함께 공동체가 되고 있다는 소속감이 확실해야 한다. 가치감, 자신감, 소속감은 모든 사역자의 필수 비타민이다. 소그룹 리더나 봉사자 모두 동기부여가 중요하다. 무엇을 하느냐보다 왜 하느냐고 먼저 물어야 한다. 할 만한데도 사양하는 사람들에게는 비전으로 감동시켜야 한다. 억지로가 아니라 자발적으로, 기쁨으로 하게 하려면 부탁이나 요구가 아니라 '내가 하나님 안에서 더 살아나고 자라나는 은혜의 자리'라는 확신을 주어야 한다.

목자나 봉사자들을 기쁨으로 동역시키는 내적 동기부여는 다섯 가지다. 첫째, 내가 하나님의 일을 한다는 사명감, 즉 정체성(identity)이다. 둘째, 사람의 변화 과정을 보면서 받는 감동, 즉 의미(impact)이다. 셋째, 내가 자라고 있다는 느낌, 즉 성장과 성숙(growth)이다. 넷째, 함께하는 기쁨이 있는 공동체, 즉 관계(connection)이다. 다섯째, 하나님이 내 삶을 책임져 주신다는 보상, 즉 축복에 대한 믿음(reward)이다. 기쁨으로 사역하고 봉사하는 사람은 이 다섯 가지 은혜가 서로 연결되는 것을 경험한다.

소그룹 리더나 교회 봉사자를 세우는 최고의 방법은 역시 예수님이 열두 제자와 동역하신 법을 본받는 것이다. 예수님은 어떻게 열두 명을 세상에서 가장 강력한 리더로 세우셨을까?

1단계는 부르심이다(calling). 예수님은 프로그램이 아니라 먼저 사람을 택하셨다. 그리고 그들에게 "나를 따라오라"(막 1:17)고 말씀하셨다. 목사도 일꾼을 택하여 불러야 한다.

2단계는 동행이다(walking together). 예수님은 열두 제자와 함께 먹고 자고 여행하시고 삶을 공유하셨다. "내 안에 거하라 나도 너희 안에 거하리라"(요 15:4). 목사도 일꾼과 함께 가족이 되어야 한다.

3단계는 훈련이다(training). 예수님은 현장에서 가르치고 보여 주셨다. "내가 하는 일을 그도 할 것이요"(요 14:12). 목사도 현장 실습으로 일꾼을 키워야 한다.

4단계는 파송이다(releasing). 예수님은 제자들을 둘씩 보내면서 사명을 주시고 책임을 맡기셨다. "나도 너희를 보내노라"(요 20:21). 목사도 임명하고 위임해야 한다.

5단계는 재생산이다(multiplying). 예수님은 제자가 제자를 세우게 하셨다. "너희는 가서 모든 민족을 제자로 삼아"(마 28:19). 목사도 또 다른 리더를 세우는 배가 리더십이 되어야 한다.

결코 혼자 일할 수 없다

목사로서 가장 바라는 것 중 하나는 자신이 세운 사역자나 봉사자들이 오랫동안 지치지 않고 충성하는 동역자가 되는 것이다. 그러기 위해서는 그들을 섬김의 도구로만 생각하는 것이 아니라 그들과 가족이 되고 동지가 되어야 한다. 소그룹 리더와 교회 봉사자들을 끝까지 헌신하게 하는 비결이 있다.

첫째, 그들을 부사역자로 인정해야 한다. 단순한 리더와 일꾼이 아니라 교회 사역자의 공동 책임자로, 목사와 같은 편으로 세워 주는 것이다.

둘째, 사명을 함께 품어라. 비전이 같으면 길게 간다. 사람이 좋아서가 아니라 영혼 구원이라는 사명에 부름받았기 때문에 관계가 이어지는 것이다.

셋째, 정기적으로 일대일의 깊은 교제를 갖는 것이 좋다. "목사님이 나를 알아준다"는 생각이 들면 탈진과 위기를 극복할 수 있다.

넷째, 작은 섬김에도 크게 격려해라. 리더가 혼신을 다해 섬겼을 때 그것을 놓치지 말고 표현해 주어야 한다. 사람은 사명으로 시작하지만 격려로 지속된다.

다섯째, 성장의 기회를 줘야 한다. 수단이 아닌 주체로서 자랄 때 오래 갈 수 있다. 성취와 성장의 기쁨이 가장 큰 동력이 된다. 동역자들의 가정과 삶에 진정으로 관심을 가지는 것도 강력하고도 지속적인 동기부여가 된다.

　마지막으로, 평신도 동역자들이 최선을 다할 때 반드시 보상과 축복과 상급이 따른다는 것을 가르쳐라. 성경이 선명하게 강조하는 것이 보상의 신학(Theology of Reward)이다. 보상에는 성경적인 보상이 있고, 이 땅에서의 실제적인 축복이 있다.

> "하나님은… 너희 행위와 그의 이름을 위하여 나타낸 사랑으로 이미 성도를 섬긴 것과 이제도 섬기고 있는 것을 잊지 아니하시느니라" 히 6:10

> "주의 일에 더욱 힘쓰는 자들이 되라 이는 너희 수고가 주 안에서 헛되지 않은 줄 앎이라" 고전 15:58

　수시로 이렇게 격려하자. "여러분의 봉사는 단지 교회 일을 하는 것이 아닙니다. 하나님 나라의 일을 감당하는 것입니다. 하늘에서는 천사들이 여러분을 위한 하늘 상급을 적고 있습니다. 이 땅에서는 하나님의 축복의 통로로 쓰임받고 있습니다. 여러분의 섬김은 가정을 살리고, 교회를 살리고, 자녀를 축복하며, 내 인생을 가장 아름답고 위대하게 만듭니다."

　목사는 절대 혼자 일할 수 없다. 벤자민 하디는 《누구와 함께 일할 것인가》에서 어떤 성공의 비결에도 사람보다 강력한 무기는 없다고 주장한다. 방법보다 사람이 중요하다는 것이다.

**방법보다 사람이 중요하다.
함께 일하는 사람들이 당신의 비전을 확장시킨다.**

농구의 전설 마이클 조던은 천재였지만 혼자서만 잘할 때는 우승할 수 없었다. 그러나 유능한 감독과 팀원이 함께하자, 말 그대로 전설이 되었다. 위대한 목표를 달성하려면 방법보다 사람을 택해야 한다. 최고 수준의 성공을 거두려면 개인적 재능이나 헌신, 천재성에만 매달려서는 안 된다. 어떻게 일할지가 아니라 누구와 함께 일할지를 고민해야 한다. 팀워크와 협업을 통해 효과를 확대 재생산해야 한다. 결과를 생산할 수 있는 적임자를 찾는 것이 모든 성공의 비결이다. 적임자가 있으면 비전과 목적은 극적으로 확장될 수 있다. 교회 성장도, 목회도 마찬가지다. 함께 일하는 사람들이 당신의 비전을 확장시킨다. 함께 일하는 사람을 신뢰하고 권한을 위임하라. 더 크고 멋진 결과는 사람을 통해서만 온다. 그러므로 우리는 모두 서로에게 탁월한 협력자가 되어야 한다.

CHAPTER 06

성령의 역사를 함께 구하라

　신약교회, 퓨처 처치를 위한 돌파 요소의 또 다른 핵심은 성령님이다(kingdom). 교회는 성령님이 다스리시는 하나님의 나라가 되어야 한다. 교회는 성령이다(Church is the Holy Spirit). 교회는 하나님 나라다(Church is the Kingdom). 교회 성장에서 성령의 중요성은 아무리 강조해도 지나치지 않다. 성령은 교회의 창조주이시다. 교회는 성령의 피조물이다. 교회가 성령의 공동체가 될 때 교회의 존재 목적인 영혼 구원이 일어난다. 성령은 교회가 복음을 전하도록 권능을 주시기 때문이다(행 1:8). 이 진리를 잘 알면서도 실제로는 우리가 목회하는 교회가 성령의 공동체가 되지 못할 때가 얼마나 많은가.

성령의 파도를 타고 목회하라

교회 성장은 사람이 아니라 하나님이 하신다(고전 3:6). 우리가 교회를 심고 물을 주지만 성령 하나님이 자라게 하신다. 초대교회가 급성장한 것은 성도들의 자연적 섬김과 함께 성령님의 초자연적 임재와 사역 때문이다. 초대교회는 예수님이 성령의 능력으로 사역하신 것처럼 사도들이 성령의 도움을 받아 기사와 표적을 나타냈다. 베드로의 설교 한 편에 성령이 역사하시자, 3천 명이 회심하는 기적이 일어났다. 그 기적 이후 사도행전의 모든 교회 개척과 성장을 성령님이 주도하셨다. 목회란 성령의 파도를 타는 것이다. 파도는 성령님이 일으키신다. 우리는 그 파도를 잘 타는 순종과 용기와 믿음과 기술이 있어야 한다.

목사는 성령의 종이다. 많은 교회 성장형 목사는 성령님을 담임목사로 섬기고 자신은 부목사라고 여긴다. 어느 교회의 주보에는 담임목사를 '성령님'으로, 그 교회 실제 담임목사는 '부목사'로 인쇄하기도 했다. 그만큼 철저하게 성령님을 의지하며 목회했고, 그 결과 교회가 계속 성장하고 있다. 조용기 목사도 강단 중앙 자리에 빈 좌석을 마련하고 성령님이 앉으시는 자리로 삼았다. 그는 강단에 올라가기 전에 "성령님 올라가시지요"라고 혼잣말로 성령님께 말하고, 강단 위에서는 "성령님 앉으시지요"라고 권하고, 설교하러 강단에 나오면서는 "성령님 나가서 저를 통해 멋진 설교를 해주세요"라고 의식적으로 말하곤

했다. 그는 끊임없이 성도들에게 성령님을 고백하라고 가르쳤다. "성령님을 인정합니다. 환영합니다. 모셔들입니다. 의지합니다."

성령님이 교회 성장에 역사하기 위해서 일곱 가지 원리를 의식하고 실행해야 한다. 첫째, 성령이 담임목사가 되게 하라. 둘째, 성령을 인격적으로 모시라. 셋째, 성령에 대해서 공부하라. 넷째, 성령에 대해서 가르치라. 다섯째, 성령의 은사를 활용하라. 여섯째, 성령의 능력으로 사역하라. 일곱째, 성령의 기름 부으심을 늘 사모하라. 가장 중요한 것은 성령에 대해 열린 마음을 갖는 것이다. 교회 안에 갇힌 성령을 자유케 해야 한다. 성령에 대해 갈망하고(Spiritual Hunger), 전적으로 항복하는(Total Surrender) 목사와 성도가 되어야 한다. 성령을 보혜사로, 동역자로 모시고 일해야 한다. 퓨처 처치는 신약교회다. 신약교회는 성령이 개척하시고, 부흥시키시고, 재생산하시는 교회다. 성령 없는 교회 성장은 불가능하다.

그러므로 목사 자신이 성령으로 세례를 받고 성령으로 충만하고 성령의 인도를 받아야 한다. 성령의 중요성을 교리적으로 알 뿐 아니라 성령 하나님을 경험해야 한다. 성령 충만은 단회적 경험이 아니다. 날마다 지속적으로 충만해야 한다. 재능과 은사와 능력이 주어져도 그것을 사용할 때마다 성령님의 인격적인 인도와 지시와 도우심이 필요한 것이다.

설교를 할 때마다 느끼는 것이 있다. 설교를 잘 준비하고 자신감 있게 강단에 서지만, 성령이 역사하시지 않으면 설교가 풀리지 않는다. 멋진 설교지만 공허하고 냉랭하기만 하다. 성도들의 반응이 싸늘하다. 그러나 준비가 제대로 안 된 설교라도 간절한 마음으로 성령을 의지할 때 오히려 반응과 열매가 놀랍도록 풍성할 때가 있다. 전적으로 성령의 임재가 있느냐 없느냐의 차이다.

그러므로 교회 성장형 목사는 끊임없이 성령님과 대화해야 한다. 어떤 사역을 할 때마다 성령님과의 관계를 확인하는 질문을 해야 한다.

1 오늘 나는 성령님께 사역의 주도권을 드렸는가?
2 성령님이 감동 주시는 어떤 일이 있었나?
3 나는 성령님께 어떻게 반응하였는가?
4 지금 나는 성령님의 어떤 능력과 은사를 사모하고 있는가?
5 내 설교와 사역에서 성령님이 얼마나 주도적으로 역사하시는가?
6 성령님을 무시하고 내 지식과 경험과 습관으로 하지 않았는가?
7 성령님께 구하는 기도 없이 사역을 결정한 적이 있는가?
8 내 안에 성령님이 싫어하시는 마음과 생각과 태도가 있는가?
9 오늘 하루도 성령님과 교제하며 감사하고 기뻐하는 시간을 가졌는가?

이렇게 성령님과의 동행 점검 리스트를 만들어 날마다 체크하고 회개하고 결단하는 시간을 가지라.

성령 충만한 목회를 위한 기도문을 만들어서 그것을 매일 읽으면서 기도하는 것도 성령 충만한 교회가 되는 길이다.

"사랑하는 성령 하나님, 오늘도 제 삶과 목회를 주관하시는 분이 성령님이심을 고백합니다. 제가 익숙한 경험이나 지식으로 사역하지 않게 하옵소서. 성령님의 음성에 민감하게 반응하는 마음을 주옵소서. 성령님, 제 마음을 활짝 열고 성령님을 인정하고 환영하고 모셔들이고 의지합니다. 제 생각과 감정과 의지를 성령님께 드립니다. 저를 새롭게 하시고 다스리시고, 사용하여 주옵소서. 제 설교와 기도와 만남과 사역 위에 성령의 은혜와 능력이 흘러가게 하옵소서. 사람의 말이 아닌, 성령님의 감동이 심령을 찌르게 하시고, 회개와 변화와 치유와 회복과 기적의 역사가 일어나게 하옵소서. 성령님, 오늘도 누구를 만나 어떤 말을 전할지 가르쳐 주옵소서. 전도와 양육, 치유와 돌봄, 모든 사역에서 제 뜻이 아니라 주님의 뜻을 이루게 하옵소서. 제가 먼저 성령님과 동행하는 목사가 되게 하시고, 제 사역을 통해 교회가 성령님의 공동체가 되게 하옵소서. 예수님의 이름으로 기도합니다. 아멘."

역사는 성령이 하신다

목사로서 가장 답답할 때가 있는데 그것은 아무리 외치고 가르쳐도 성도들이 움직이지 않을 때이다. 전도하지 않는 성도, 변화하지 않는 성도, 문제에 늘 눌려 있는 성도, 순종하는 대신 반발하는 성도들 때문에 목회가 괴롭다. 설교 외에 여러 가지 가르침과 훈련과 상담과 프로그램으로도 해결되지만, 결정적으로 돌파가 안 될 때 목사는 힘들다. 그럴 때마다 성령님의 강력한 역사가 필요함을 절감한다. 그런데 그런 사람들이 성령을 받으면(그것이 세례이든 충만이든 용어에 관계없이), 완전히 달라진다. 목사가 인간적으로 수년을 사역해도 해결되지 않던 사람들의 변화가 성령이 임하시면 한순간에 이루어지는 것이다.

성령을 받으면 시키지 않아도 전도한다. 그러므로 전도하라고 강요하는 대신 성령을 받게 해야 한다. 성령대망회를 자주 가져서 늘 성령을 사모하게 하고, 성령 체험을 하게 하는 것이 필요하다. 여의도순복음교회는 화요일에 성령대망회, 금요일에 철야기도회, 주중에는 교구별로 오산리 기도원에 가서 성령 충만을 위한 기도회를 가지는데, 적어도 한 시간 이상 합심으로 기도했다. 순복음교회에 있을 때는 그 중요성과 가치를 잘 몰랐는데 나와서 개척하면서 성령 충만을 위한 기도회가 얼마나 중요한지 새삼 깨달았다. 시대가 다르다고, 성도들의 편의를 위해서 기도원에 가는 것을 중단했는데, 구별된 장소와 시간에 성령님

> 인간의 힘으로 해결하지 못하는
> 문제가 많아지는 이 시대에
> 성령의 능력과 은사를 더욱 강조하고 개발해야 한다.

을 대망하는 합심기도와 안수기도는 확실히 효과가 있다. 모든 한국 교회가 성령을 대망하는 시간을 기도원에서 가진다면 교회도 부흥하고, 점점 사라져 가는 기도원도 다시 살아날 것이다.

병을 고치고 사람들을 자유케 하는 사역도 성령의 역사다. 성경적인 신약교회는 예수님의 사역과 사도들의 목회를 그대로 따라가는 교회다. 그러므로 병 고치는 치유사역, 마음의 병을 고치는 회복사역, 모든 관계에서의 눌림을 자유케 하는 성령의 사역이 적극적으로 퓨처 처치에 도입되어야 한다. 성령의 자유케 하는 사역은 지극히 성경적이고 동시에 실제적이다. 예수님이 병자를 고치셨고, 귀신들린 자를 자유케 하셨다. 제자들에게 동일한 사역을 위해 기름을 부으시고 권세와 권능을 주셨다(눅 4:18-19; 10:19; 행 10:38; 막 9:29; 16:17). 예배와 찬양과 합심기도와 개인의 안수기도 등을 통해 성령님의 자유케 하는 사역이 교회에 일상으로 나타나도록 다시 힘써야 한다.

병든 자, 귀신들린 자, 우울증, 상처받은 자들을 자유케 하는 사역은 전적으로 성령님의 능력과 은사에 의존해야 한다. 사역자는 기도, 말씀, 믿음, 훈련 등으로 준비되어야 한다. 모든 사역에서 예수님의 이름과 성령의 권능을 의지해야 한다. 의학적 치료와 정신과의 상담도 수용하되 교회의 지속적인 지지와 돌봄이 병행되어야 한다. 영적, 신학적, 실질적 준비를 통해 치유와 회복과 자유케 하는 사역이 균형과 조화를 이루어야 한다. 부작용과 잘못된 사례로 거부하거나 중단하지 말고, 오히려 인간의 힘으로 해결하지 못하는 문제가 갈수록 많아지는 이 시대에 성령의 능력과 은사를 더욱 강조하고 격려하고 개발해야 한다. 단지 치유와 회복뿐 아니라 하나님의 영광과 복음의 확장이라는 궁극적 목적이 이루어지도록 해야 한다. 교회의 주인은 성령이시다.

CHAPTER **07**

독서와 기도로 최고의 변화를 지속하라

지금까지 설교(bible), 사람(relationship), 전도(evangelism), 성령(kingdom)에 대해서 살펴보았다. 신약교회, 즉 퓨처 처치의 성장을 위한 돌파의 마지막 핵심은 기도(ask)다. 이제 기도가 필요하다. 기도는 성령 충만한 교회가 되는 원동력이다. 교회 성장은 단순한 숫자의 증대가 아니다. 영적 생명력의 확장이다. 기도 없이 성령 충만이 없고, 성령 충만 없이 교회 성장이 없다. 초대교회는 오순절 다락방에서 120명이 기도한 결과였다. 사도행전의 부흥도 계속된 기도와 금식의 열매였다. 예수님의 사역도 기도로 시작해서 기도로 마무리되었다. 예수님은 하나님이셨지만, 이 땅에서는 기도를 통해 성령님의 능력과 도움에 의지하셨다.

목사는 기도하는 사람이다

뜨겁게 기도하는 교회, 성령 충만한 교회는 목사의 기도에서부터 시작된다. 기도는 목사의 본질이다. 목사가 먼저 기도해야 성도가 기도한다. 목사가 진짜로 기도하면 예배도 설교도 성도도 살아난다. 목사는 단지 기도를 가르치는 자가 아니라 기도의 자리로 이끄는 기도하는 사람이다. 가르침은 마음을 움직이지만, 모범은 삶을 움직인다. 성도는 목사의 설교보다 목사의 기도를 보고 하나님의 살아 계심을 느낀다. 그래서 목사는 기도하고, 기도하는 모습을 보여 주고, 사람들이 기도하게 해야 한다. 교회 전체가 기도하는 교회가 되도록 기도의 본질을 회복하고, 기도의 불을 붙이고, 기도가 생활과 문화가 되도록 해야 한다. 한마디로 교회를 기도 공동체로 만들어야 한다.

그런데 그것이 쉽지 않다. 사실 목회하다 보면 설교보다 기도가 더 어려운 것 같다. 설교 준비는 몇 시간, 아니 몇 날을 준비할 수 있어도, 기도는 그만큼 하기가 어렵다. 그래서 교회 성장의 벽을 돌파하기 위해서는 기도를 돌파해야 하는 것이다. 목사는 자신을 위한 깊은 기도의 삶을 실천 전략으로 가지고 있어야 한다. 기도가 습관이 되어야 한다. 기도를 위해 정해진 시간과 장소를 정해라. 하루를 여는 비전 기도의 시간을 가져라. 사실 이 책에서 가장 강조하는 것은 그냥 기도를 많이 하는 것보다 퓨처 처치(또는 퓨처 셀프)가 내 것이 되는 체험을 기도 시간에 가지라는 것이다. 퓨처 처치가 내 마음에 날마다 더 명확하고 구체적인 것이 되는지를 기도 시간에 확인하고 점검하고 반성하고 성찰하고 다시 수정 보완하라. 그것이 무엇보다 중요하다.

깊은 통찰은 독서에서 나온다

기도와 함께 퓨처 처치를 돌파하는 힘은 독서에 있다. 최고의 변화는 외부에서 오지 않는다. 교회 성장과 성도의 변화를 위해서 전략과 방법과 프로그램에 매달리지 말라. 먼저 목사부터 변해야 한다. 그 변화는 화려한 사역의 성과나 외부의 자극에서 오는 것이 아니다. 진짜 변화는 조용한 기도의 골방에서, 깊은 독서의 시간 속에서 일어난다. 기도와 독서라는 조용한 두 습관이 목회자의 내면을 다지고, 하나님 앞에서의 중심을 세우며, 사역 전체를 견고하게 만든다. 사람을 향한 목회(Ministry unto People)를 하기 전에 하나님을 향한 목회(Ministry unto God), 자신을 위한 목회를 먼저 해야 한다. 그것이 기도의 시간을 길고 깊게 하는 것이고, 좋은 책을 많이, 진지하게 읽는 것이다.

조용기 목사는 평생 독서와 기도 훈련을 목회의 최고 우선순위로 지키는 삶을 살았다. 하루에 6시간을 독서와 기도에 바쳤다. 그는 말년에 눈에 안약을 넣어 가면서 책을 읽었다. 제자들에게 기도와 독서를 강조했다. 내가 부목사 시절, 대교구장

급 이상 목사들에게 한 달에 두 권 이상 책을 읽도록 했다. 책을 읽고 독후감을 제출해야 했다. 가장 책을 많이 읽은 사람을 매년 선발하여 푸짐한 보너스를 지급했다. 어느 분야에서든지 남보다 앞서는 리더십이 되려면 책을 많이 읽어야 한다. 책을 많이 읽은 사람을 따라잡을 수 없다. 학벌이 좋은 사람이 아니라 책을 많이 읽는 사람이 진짜 실력이 있는 사람이다. 기도할수록 하나님의 은혜가 임하고, 독서할수록 사람의 지혜가 넘친다.

목회자는 매주 설교를 준비하고, 성도들의 질문에 답하며, 다양한 사역을 이끈다. 이때 필요한 것은 단순한 정보가 아니라 깊이 있는 통찰이다. 깊은 통찰은 책을 읽는 시간과 글을 쓰는 시간을 통해 형성된다. 책은 타인의 경험과 지식과 신학과 삶과 통찰이 담긴 보고서다. 독서는 시대를 넘어 나보다 나은 인물들과 대화하는 시간이기도 하다. 책 한 권을 읽는 것은 위대한 한 사람을 만나 그의 평생의 가치를 내 것으로 전수받는 것과 마찬가지다. 그러므로 책을 읽지 않는 것은 가장 큰 손실이고, 책을 읽는 것은 가장 큰 투자다. 독서는 목회자의 사유를 넓히는 최상의 길이다. 책 속에서 배우는 질문과 해석의 시선이 결국 성경을 더 깊이 읽는 안목을 길러 준다.

책을 지속적으로 읽기 위해서는 그런 환경과 장치를 의도적으로 만들어야 한다. 나는 눈이 좋지 않아서 책 읽기가 힘들다. 그럼에도 책을 읽으려고 애쓰지만, 도무지 눈이 아파 어려울 때는 책 내용을 요약하거나 리뷰한 유튜브 영상을 틀어 놓고 귀로 듣는다. 그런데 세상 책을 소개하는 채널은 많은데 기독교 서적을 소개하는 채널은 별로 없는 것을 발견했다. 그래서 몇 년 전부터 나는 기독교 서적을 소개하고 리뷰하는 북튜브(영성책방, 영혼을 성장시키는 책 소개방, BCGI)를 시작했다. 그것은 남을 위하기 전에 나 자신을 위한 것이다. 매주 두 개의 영상을 올리고 있다. 현재까지 3백 개 넘는 영상이 올라가 있고, 신약교회 사역자들을 인터뷰한 영상은 4백 개가 넘어 전체 7백여 개의 영상이 업로드되어 있다. 그렇게 책을 읽지 않으면 안 되는 장치를 만들다 보니 영상을 올리기 위해서라도 매주 책을 읽고 요약하고 정리하고 녹음하게 된 것이다.

성장형 리더가 되기 위해서는 책을 읽을 수밖에 없는 환경을 만들어야 한다. 독서 모임을 만들거나 참여하는 것도 좋은 방법이다. 어떤 방식이든 일정한 시간에 책을 지속적으로 읽는 습관을 들여라. 새벽기도 후 한 시간이라든가 점심 식사 후 두 시간이라든가 시간을 정해야 한다. 그리고 무엇을 읽을지 주제를 정하고 순환식으로 읽어라. 나는 책을 읽을 때 항상 '내 삶과 사역에 오늘 적용할 세 가지를 건진다'는 목적의식을 가진다. 핵심 문장 세 개를 건진다거나, 목회 적용 아이디어 두 개를 얻는다거나, 성도와 나눌 예화나 인용문 한 개를 반드시 기록한다는 목표를 정하는 것이다. 독서의 결과를 어떤 형태로든지 기록하는 습관을 들이는 것이 좋다. "기록은 기억을 지배한다"는 말이 있다. 아무리 기억력이 좋아도 나중에 필요할 때는 잊어버려

써먹지 못할 때가 많다. 얻은 것을 반드시 나누라. 지속적인 나눔은 독서의 풍성한 열매다.

건강한 리더는 깊이 듣는 사람이다

기도와 독서를 연합시켜 지속 가능한 변화의 에너지로 삼아 보자. 독서는 생각을 새롭게 하고, 기도는 그 새로운 사고에 불을 붙인다. 독서가 나를 훈련시킨다면, 기도는 나를 깨뜨린다. 이 두 가지는 서로를 보완하며 영적 삶을 균형 있게 세운다. "한 손에는 책을, 한 손에는 무릎을", 이것이 목사의 사명이고 정체다. 건강한 리더는 말을 많이 하는 자가 아니다. 깊이 듣는 사람이다. 책의 문장에 귀를 기울이고, 하나님의 말씀에 귀를 기울이고, 성도의 삶의 갈망과 상실의 신음에 귀를 기울이는 자가 바로 변화의 중심에 서는 목회자다.

정확한 목표가 탁월함을 만든다. 몇 명이 모이는 성경적인 신약교회라는 퓨처 처치가 분명하면 돌파할 수 있다. 추구하는 목표, 존재하는 목적이 분명하면 과거를 재해석하고, 나의 정체성을 바꾸고, 내가 현재 있는 환경까지 바꿀 수 있다. 목표가 정체성을, 정체성이 행동을, 행동이 나의 목회 환경, 즉 교회를 바꾼다. 더 나은 목표를 세우고 더 나은 미래를 설계하려면 더 많이 배우고 관점을 바꾸고 새로운 것에 마음을 열어야 한다. 손에 잡히는 대로 책을 읽어라. 쉬지 말고 기도하고 상상하라. 원하지 않으면 얻을 수 없다. 목적의식과 자신감을 가지고 자신부터 변화시키라. 이제부터는 변혁적 리더십의 시대다. 퓨처 처치가 당신을 최고의 변화로 이끌 것이다.

"나는 지금 퓨처 처치다"(I Am Future Church Now!)

책의 문장에 귀를 기울이고,
하나님의 말씀에 귀를 기울이고,
성도의 삶의 갈망과 상실의 신음에 귀를 기울이는 자가
바로 변화의 중심에 서는 목회자다.

에필로그

원하고 바라고 기도하라

퓨처 처치는 하나님의 꿈이다. 그리고 목회자와 성도들에게 주신 꿈이다. 퓨처 처치란 가장 성경적인 교회이면서, 가장 현실적인 교회다. 1세기 주님이 세우신 신약교회이면서, 21세기 우리가 세워 나가는 현대교회다. 교회를 개척하고 목회하는 모든 사역자의 가슴속에 이미 존재하는 성경적 신약교회다. 그 꿈의 교회를 현실로 만드는 일을 돕고자 이 책을 썼다.

모든 창조는 상상으로부터 시작한다. 상상이 현실이 되는 것, 그것이 퓨처 처치(또는 퓨처 셀프)의 개념이다. 그 미래의 나, 그 미래의 교회가 지금 되는 것(Be Your Future Church Now), 그것이 이 책의 핵심이다.

퓨처 처치는 막연히 미래를 기다리는 것이 아니라, 이미 이루어진 미래를 지금 경험하는 것이다. 목적한 결과에서 살아가고 그 존재가 되는 것이다. 하나님 나라는 이미 임했다. 예수님은 그 하나님 나라를 완성하도록 교회를 허락하셨다. 예수님의 성육신과 십자가에서의 죽으심, 그리고 부활로 이미 하나님 나라는 임했다. 그 하나님 나라를 완성시키는 것이 퓨처 처치다.

하나님은 우리 없이도 얼마든지 하나님 나라를 이루실 수 있다. 그런데 우리에게 행복과 영원한 상급을 주시기 위해 어리석고 답답한 우리와 함께 그 나라를 완성하신다. 이 얼마나 기막힌 은혜인가!

퓨처 처치는 하나님의 꿈을 이루는 교회다. 그 꿈속에서 살아야 꿈이 현실이 될 수 있다. 미래가 현재를 결정한다. 미래의 결과에서 사는 것(living in the end)이 현재를 가장 잘 사는 길이다. 하나님의 꿈을 이루는 퓨처 처치가 되기 위해서는 첫째, 목적이 이끌어 가는 교회가 되어야 하고, 둘째, 목표가 분명한 교회가 되어야 하고, 셋째, 믿음이 강력한 교회가 되어야 하고, 넷째, 헌신에 전념하는 교회가 되어야 한다. 목적과 목표와 믿음과 헌신이 확실하면 반드시 퓨처 처치가 될 수 있다. 주님이 원하시는 성경적 교회, 인간의 갈망과 상실을 해결하는 현실적 교회가 되는 것이다.

미국 유학 시절 내가 자주 가던 할인점이 리모델링을 한 후에 크게 플래카드를 붙여 놓았는데 그 문장이 지금도 잊히지 않는다. "The Bigger & Better Fedco!"(더 크고 더 좋은 페드코!)페드코는 그 당시 내가 살던 파사데나에 있던 할인점 이름이다. 나는 그 슬로건이 우리가 목회하고 사역하는 퓨처 처치라고 생각한다. "더 크고, 더 좋은 교회"(The Bigger & Better Church), 즉 양적으로 성장하고 질적으로 성숙한 성경적 신약교회다. 비신자의 영혼을 구원하여 더 성장하는 교회, 신자를 제자로 양육하여 더 성숙한 교회가 되는 것이다.

마지막으로 나는 퓨처 처치(또는 퓨처 셀프)로 사는 삶의 방식 세 가지를 죽을 때까지 잊지 말았으면 한다. 첫째, 예수님처럼 사는 것이다(Christlike). 둘째, 성경대로 사는 것이다(Biblical). 셋째, 성령으로 사는 것이다(Spiritual). 이 세 가지(CBS)만 확실하면 된다. 예수와 성경과 성령이 우리 삶과 사역의 절대 기준이 되면 무슨 문제가 있겠는가? CBS는 퓨처 처치의 DNA다. 이런 퓨처 처치가 이 땅에 더 많아지면 좋겠다. 이 땅의 모든 교회가 퓨처 처치가 되면 좋겠다.

"주님, 이러한 신약교회 운동(New Testament Church Movement)이 불같이 일어나게 하옵소서! 원하고 바라고 기도합니다!"